현지
비즈니스
中國語
회화

왕초보도 할 수 있는
현지 비즈니스 중국어 회화

지은이 이미나
펴낸이 임준현
펴낸곳 넥서스CHINESE

초판 1쇄 발행 2004년 9월 10일
초판 5쇄 발행 2014년 3월 15일

출판신고 2001년 12월 5일 제313-2005-000004호
122-040 서울시 은평구 통일로 82길 17
Tel (02)330-5500 Fax (02)330-5555

ISBN   89-5795-034-6   98720

저자와 출판사의 허락 없이 내용의 일부를 인용하거나
발췌하는 것을 금합니다.
저자와의 협의에 따라서 인지는 붙이지 않습니다.

가격은 뒤표지에 있습니다.
잘못 만들어진 책은 구입처에서 바꾸어 드립니다.

www.nexusbook.com
넥서스CHINESE는 (주)넥서스의 중국어 전문 브랜드입니다.

왕초보도 할 수 있는

현지 비즈니스 中國語 회화

화서당 기획 | 이미나 지음

넥서스 CHINESE

일러두기

중국어를 처음 배우는 왕초보자들을 위하여 우리말 발음을 달아놓았습니다.
이 발음은 '외국어 발음 표기법'에 따르지 않고 직접 발음되는 소리에 최대한 가깝도록 표기하였습니다.
그러나 꼭 테이프의 원어민 성우의 발음을 듣고 연습하도록 하세요.

비즈니스 중국어는 어렵다고 생각하는 분들이 많습니다. 하지만 비즈니스 중국어라고 절대로 일반 중국어회화보다 어렵지는 않습니다. 중국에서 일하는 분들이나 중국으로 출장가시는 분들이 사용하는 중국어가 바로 비즈니스 중국어입니다.

본 교재는 박 과장이 중국으로 출장을 가면서 여러 장소에서 일어나는 상황을 대화로 꾸몄습니다. 문법보다 회화 위주로 편성되어 각 과의 대화 장면을 머릿속으로 상상하면서 공부하면 효과적일 것입니다.

어떻게 해야 중국어를 잘할 수 있을까?
"중국어를 공부할 때 가장 좋은 방법이 뭐예요?", "얼마나 해야 잘할 수 있어요?" 저는 한국에서 8년 동안 강사 생활을 하면서 이런 질문을 가장 많이 받았습니다. 그때마다 저는 늘 이렇게 대답했습니다. 첫번째, 무조건 외워라. 발음, 성조부터 단어, 문장까지 다 외워라. 좀 실망스럽겠지만 외국어를 공부할 때 왕도가 없다는 것이 현실입니다. 두 번째는 문법을 너무 따지지 마라. 한국 사람들은 중국어를 공부할 때 어순에 대해 너무 많이 따집니다. 한참의 노력 끝에 이해를 했지만 다음에 비슷한 문장을 얘기하려고 할 때면 바로 말하는 것보다 문법부터 생각하게 됩니다. 그래서 "왜 이렇게 해야 되지?" 하고 따지는 것보다는 "이럴 때는 이렇게 얘기해야 하는구나"라고 생각하고 문장을 외워버리는 것이 훨씬 효과적입니다. 세 번째 중국어를 사랑해라. "중국어는 어렵다. 난 절대로 잘할 수가 없다"라고 생각하면 중국어 공부가 실패로 끝나는 것은 분명합니다. "중국어는 재미있다", "나도 성공할 수 있다"는 생각부터 하면 50% 성공을 얻은 것입니다. 중국어를 진심으로 사랑해야 중도에 포기하지 않고 꾸준히 공부할 수 있으니까요.

이젠 중국어가 경쟁력입니다. 중국어를 사랑하는 여러분 지아요우(加油 - 파이팅)!

2004년 9월
이미나

이 책의 구성 및 사용법

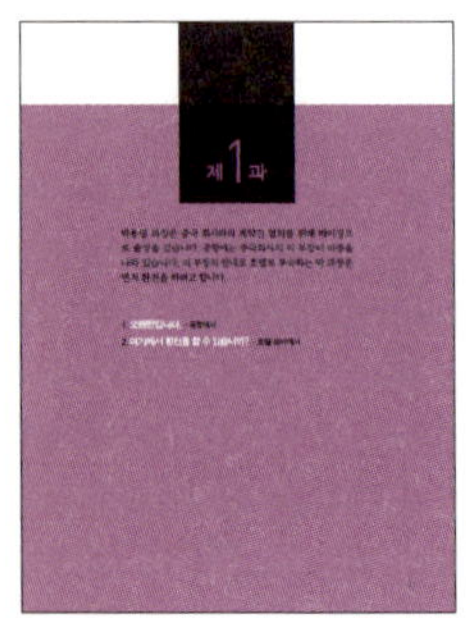

제목

각 과의 회화에 설정되어 있는 상황에 대해 설명합니다. 회화 문형의 제목과 내용을 보며 본문에서 배울 내용을 생각해봅니다.

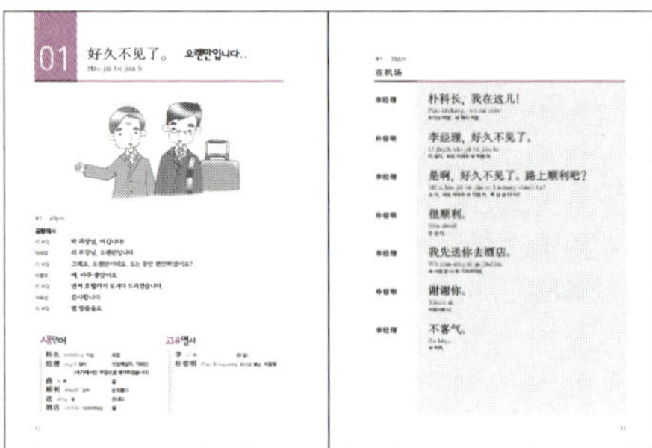

회화

새 단어를 익힌 후 회화를 연습합니다. 해석을 참고하며 상황에 맞는 올바른 회화 표현을 익히도록 합니다.

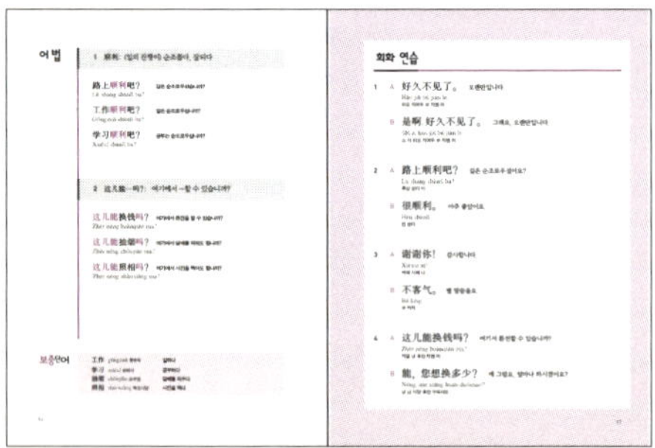

어법

회화 부분에 나오는 어법에 대해 간략하게 설명합니다.

회화 연습

두 사람이 회화를 할 때 주고받는 기본 회화 표현입니다. 상대방이 이 말을 할 때는 이렇게~, 표현이 좀더 쉬워집니다.

기본 표현

꼭 알아두어야 할 표현들을 한눈에 볼 수 있게
정리하였습니다.

비즈니스 표현 UP

기본 표현보다 조금 더 생생하게 표현할 수 있
습니다. 자신의 표현력을 업그레이드하세요.

비즈니스 단어 PLUS

회화가 이루어지는 장소에서 알아두면 좋은
단어들을 모아 정리하였습니다.

중국 비즈니스 PLUS

대(对) 중국 비즈니스에 앞서 알아두면 좋은
중국인들의 습관이나 비즈니스 실무에서 유
의할 점들을 이야기로 풀었습니다.

목 차

박용명 과장은 중국 회사와의 계약 협의를 위해 베이징으로 출장을 갔다. 공항에는 중국 회사의 리 과장이 마중을 나와 있다. 리 과장의 안내로 호텔에 투숙한 박 과장은 먼저 환전을 하고자 한다.

1. **오랜만입니다.** – 공항에서
2. **여기에서 환전을 할 수 있습니까?** – 호텔 로비에서

01 好久不见了。 오랜만입니다.

Hǎo jiǔ bú jiàn le.

#1 : 30pm

공항에서

리 과장	박 과장님, 여깁니다!
박용명	리 과장님, 오랜만입니다.
리 과장	그래요, 오랜만이네요. 오는 동안 편안하셨죠?
박용명	예, 아주 좋았습니다.
리 과장	먼저 호텔까지 모셔다 드리겠습니다.
박용명	감사합니다.
리 과장	별 말씀을요.

새단어

科长	kēzhǎng 커장		과장
经理	jīnglǐ 징리		지배인(과장급)
路	lù 루		길
顺利	shùnlì 쑨리		순조롭다
送	sòng 쏭		보내다
酒店	jiǔdiàn 지우띠엔		호텔

고유명사

李	Lǐ 리		리(성)
朴容明	Piáo Róngmíng 피아오 롱밍	박용명

在机场

李经理
朴科长，我在这儿！
Piáo kēzhǎng, wǒ zài zhèr!
피아오 커장, 워 짜이 저얼.

朴容明
李经理，好久不见了。
Lǐ jīnglǐ, hǎo jiǔ bú jiàn le.
리 징리, 하오 지우 부 지엔 러.

李经理
是啊，好久不见了。路上顺利吧？
Shì a, hǎo jiǔ bú jiàn le. Lùshang shùnlì ba?
스 아, 하오 지우 부 지엔 러. 루상 쑨리 바?

朴容明
很顺利。
Hěn shùnlì.
헌 쑨리.

李经理
我先送你去酒店。
Wǒ xiān sòng nǐ qù jiǔdiàn.
워 씨엔 쏭 니 취 지우띠엔.

朴容明
谢谢你。
Xièxie nǐ.
씨에시에 니.

李经理
不客气。
Bú kèqi.
부 커치.

这儿能换钱吗?

Zhèr néng huànqián ma?

여기에서 환전을 할 수 있습니까?

#3:30pm

호텔 로비에서

박용명	아가씨, 여기에서 환전을 할 수 있나요?
종업원	예, 얼마나 환전하시게요?
박용명	500달러요.
종업원	오늘의 환율은 1:8.2입니다.
박용명	좋아요, 여기요.
종업원	여기 인민폐입니다, 세어보세요.

새단어

小姐 xiǎojie 샤오지에	아가씨	
能 néng 넝	할 수 있다	
换钱 huànqián 후안치엔	환전하다	
服务员 fúwùyuán 푸우위엔	종업원	

美元 Měiyuán 메이위엔	미화, 달러
汇率 huìlǜ 훼이뤼	환율
人民币 Rénmínbì 런민삐	인민폐
数 shǔ 수	세다

酒店前台

朴容明	**小姐，这儿能换钱吗？** Xiǎojie, zhèr néng huànqián ma? 샤오지에, 저얼 넝 후안치엔 마?
服务员	**能，您想换多少？** Néng, nín xiǎng huàn duōshao? 넝, 닌 시앙 후안 뚜워샤오?
朴容明	**500美元。** Wǔ bǎi Měiyuán. 우 바이 메이위엔.
服务员	**今天的汇率是1：8.2。** Jīntiān de huìlǜ shì yī bǐ bā diǎn èr. 진티엔 더 훼이뤼 스 이 비 빠 디엔 얼.
朴容明	**好，给你钱。** Hǎo, gěi nǐ qián. 하오, 게이 니 치엔.
服务员	**这是人民币，请数一下。** Zhè shì Rénmínbì, qǐng shǔ yíxià. 저 스 런민삐, 칭 수 이시아.

1 順利: (일의 진행이) 순조롭다, 잘되다

路上 順利 吧?
Lùshang shùnlì ba?
길은 순조로우셨죠?

工作 順利 吧?
Gōngzuò shùnlì ba?
일은 잘 되시죠?

学习 順利 吧?
Xuéxí shùnlì ba?
공부는 잘 되시죠?

2 这儿能…吗?: 여기에서 ~할 수 있습니까?

这儿能 换钱 吗?
Zhèr néng huànqián ma?
여기에서 환전을 할 수 있습니까?

这儿能 抽烟 吗?
Zhèr néng chōuyān ma?
여기에서 담배를 피워도 됩니까?

这儿能 照相 吗?
Zhèr néng zhàoxiàng ma?
여기에서 사진을 찍어도 됩니까?

보충단어

工作	gōngzuò 꽁쭈워	일하다	学习	xuéxí 쉬에시	공부하다
抽烟	chōuyān 초우옌	담배를 피우다	照相	zhàoxiàng 짜오씨앙	사진을 찍다

회화 연습

1

A   好久不见了。   오랜만입니다.
Hǎo jiǔ bú jiàn le.
하오 지우 부 지엔 러.

B   是啊，好久不见了。   그래요, 오랜만입니다.
Shì a, hǎo jiǔ bú jiàn le.
스 아, 하오 지우 부 지엔 러.

2

A   路上顺利吧？   길은 순조로우셨죠?
Lùshang shùnlì ba?
루상 쑨리 바?

B   很顺利。   아주 좋았습니다.
Hěn shùnlì.
헌 쑨리.

3

A   谢谢你！   감사합니다.
Xièxie nǐ!
씨에시에 니!

B   不客气。   별 말씀을요.
Bú kèqi.
부 커치.

4

A   这儿能换钱吗？   여기서 환전할 수 있습니까?
Zhèr néng huànqián ma?
저얼 넝 후안치엔 마?

B   能，您想换多少？   예 그럼요, 얼마나 하시겠어요?
Néng, nín xiǎng huàn duōshao?
넝, 닌 시앙 후안 뚜워샤오?

기본 표현

1 오시는 길은 순조로우셨습니까?

路上顺利吧？
Lùshang shùnlì ba?
루상 쑨리 바?

2 마중하러 와주셔서 감사합니다.

谢谢你来接我。
Xièxie nǐ lái jiē wǒ.
씨에시에 니 라이 지에 워.

3 회사일은 잘 되시죠?

公司生意顺利吧？
Gōngsī shēngyì shùnlì ba?
꿍쓰 성이 쑨리 바?

4 여기서 환전할 수 있습니까?

这儿能换钱吗？
Zhèr néng huànqián ma?
저얼 넝 후안치엔 마?

5 오늘의 환율은 1:8.2입니다.

今天的汇率是1：8.2。
Jīntiān de huìlǜ shì yī bǐ bā diǎn èr.
진티엔 더 훼이뤼 스 이 비 빠 디엔 얼.

비즈니스 표현 Up

1 저는 출장을 왔습니다.

我是来出差的。
Wǒ shì lái chūchāi de.
워 스 라이 추차이 더.

2 이 물건들이 샘플입니다.

这些是样品。
Zhè xiē shì yàngpǐn.
저 씨에 스 양핀.

3 송금을 하고 싶습니다.

我想汇钱。
Wǒ xiǎng huìqián.
워 시앙 훼이치엔.

비즈니스 단어 PLUS

입국할 때

入境登记卡
rùjìng dēngjìkǎ
입국신고카드

入境检疫申明卡
rùjìng jiǎnyì shēnmíngkǎ
입국검역서

海关 hǎiguān
세관

边防 biānfáng
국경수비

免税品 miǎnshuìpǐn
면세품

到达厅 dàodátīng
입국장

绿色通道
lǜsè tōngdào
녹색통로

旅行支票
lǚxíng zhīpiào
여행자수표

签证 qiānzhèng
비자

韩币 Hánbì
원화(한국의 화폐단위)

贬值 biǎnzhí
평가절하(하다)

升值 shēngzhí
평가절상(하다)

护照 hùzhào
여권

중국 비즈니스 PLUS | 중국인의 호칭

중국사람을 만날 때 상대방을 어떻게 불러야 할까? 먼저 그 사람과 어떤 관계인지 봐야 한다. 친구 사이라면 그냥 이름을 부르면 된다. 중국사람들은 그다지 나이를 따지지 않는 편이다. 자기보다 나이가 많든 적든 마음만 맞는다면 다 친구가 될 수 있다. 비즈니스 때문에 만난 사람이라면 상대방의 명함을 보면 어떻게 호칭해야 하는지 알 수 있을 것이다.

중국회사에서 흔히 사용되는 직책은 다음과 같다.

董事长　dǒngshìzhǎng　　　회장
总经理　zǒngjīnglǐ　　　　　사장
副总经理　fùzǒngjīnglǐ　　　부사장
经理　jīnglǐ　　　　　　　　과장
副经理　fùjīnglǐ　　　　　　부과장

정부기관에서 사용되는 호칭은 다음과 같다.

局长　júzhǎng　　　　　　　국장
部长　bùzhǎng　　　　　　　부장
处长　chùzhǎng　　　　　　처장
科长　kēzhǎng　　　　　　　과장
主任　zhǔrèn　　　　　　　　주임

모르는 사람은 일반적으로 남자는 '先生 xiānsheng', 여자는 '小姐 xiǎojie' 라고 부르면 된다. 옛날에 흔히 상용되었던 '同志 tóngzhì' 는 점점 사라지고 있다.

제2과

중국 회사의 리 과장은 박 과장에게 저녁 식사 초대를 한다.
우선은 호텔에서 짐을 풀고 쉰 다음 저녁에 다시 만나기로
한다. 박 과장은 중국에 잘 도착했다는 연락을 취하기 위해
호텔 직원에게 국제전화 거는 방법에 대해 문의를 한다.

1. **먼저 좀 쉬십시오.** – 호텔 방에서
2. **방에서 국제전화를 걸 수 있습니까?** – 호텔 방에서

你先休息一下。 먼저 좀 쉬십시오.

Nǐ xiān xiūxi yíxià.

#3:45pm

호텔 방에서

리 과장	박 과장님, 우선 좀 쉬세요, 저녁에 다시 모시러 오겠습니다.
박용명	예, 수고하셨습니다.
리 과장	뭘요, 오늘 저녁 '취엔쮜더' 에서 저녁을 대접하겠습니다.
박용명	정말 너무 잘해주십니다.
리 과장	당신은 우리의 중요한 고객인걸요!
박용명	농담도 잘하십니다.
리 과장	좋아요, 그만하죠. 저녁 7시에 로비에서 기다리겠습니다.
박용명	예 알겠습니다. 시간 맞춰 내려가겠습니다.

새단어

接 jiē 지에	마중하다, 맞아들이다
辛苦 xīnkǔ 씬쿠	수고하다
接风 jiēfēng 지에펑	멀리서 온 손님에게 식사를 대접하다
可 kě 커	정말(강조의 어기)
客户 kèhù 커후	고객, 바이어
玩笑 wánxiào 완씨아오	농담
开玩笑 kāi wánxiào 카이 완씨아오	농담하다
大堂 dàtáng 따탕	로비
等 děng 덩	기다리다
准时 zhǔnshí 준스	정확한 시간, 정각

在酒店房间

李经理	朴科长，你先休息一下，晚上我来接你。 Piáo kēzhǎng, nǐ xiān xiūxi yíxià, wǎnshang wǒ lái jiē nǐ. 피아오 커장. 니 씨엔 씨우시 이시아. 완상 워 라이 지에 니.
朴容明	好，辛苦你了。 Hǎo, xīnkǔ nǐ le. 하오. 씬쿠 니 러.
李经理	哪里哪里，今晚我们在全聚德为你接风。 Nǎli nǎli, jīnwǎn wǒmen zài Quánjùdé wèi nǐ jiēfēng. 나리 나리. 찐완 워먼 짜이 취엔쮜더 웨이 니 지에펑.
朴容明	你们真是太客气了。 Nǐmen zhēn shì tài kèqi le. 니먼 전 스 타이 커치 러.
李经理	你可是我们的大客户啊！ Nǐ kě shì wǒmen de dà kèhù a! 니 커 스 워먼 더 따커후 아!
朴容明	你真会开玩笑。 Nǐ zhēn huì kāi wánxiào. 니 전 훼이 카이 완씨아오.
李经理	好，不开玩笑了，晚上7点我在大堂等你。 Hǎo, bù kāi wánxiào le, wǎnshang qī diǎn wǒ zài dàtáng děng nǐ. 하오. 뿌 카이 완씨아오 러, 완상 치 디엔 워 짜이 따탕 덩 니.
朴容明	好，我准时下去。 Hǎo, wǒ zhǔnshí xiàqu. 하오. 워 준스 씨아취.

02 在房间里能打国际长途吗?

Zài fángjiān li néng dǎ guójì chángtú ma?

방에서 국제전화를 걸 수 있습니까?

#4 : 00pm

호텔 방에서

박용명	아가씨, 방에서 국제전화를 걸 수 있습니까?
종업원	예, 8 번 누르시고 다시 전화번호를 누르시면 됩니다.
박용명	알겠습니다, 고맙습니다.
종업원	별 말씀을요.

새단어

国际长途	guójì chángtú	구워지 창투	국제전화
拨	bō	뽀	돌리다
按	àn	안	누르다
号码	hàomǎ	하오마	번호

在酒店房间

朴容明
小姐，在房间里能打国际长途吗？
Xiǎojie, zài fángjiān li néng dǎ guójì chángtú ma?
샤오지에, 짜이 팡지엔 리 넝 다 구워지 창투 마?

服务员
可以，您拨"8"以后再按号码就行了。
Kěyǐ, nín bō 'bā' yǐhòu zài àn hàomǎ jiù xíng le.
커이, 닌 뽀 '빠' 이호우 짜이 안 하오마 찌우 씽 러.

朴容明
知道了，谢谢。
Zhīdao le, xièxie.
즈다오 러, 씨에시에.

服务员
不客气。
Bú kèqi.
부 커치.

1 一下 : 일반적으로, 술어 뒤에 와서 '좀 ~해보다' 의 의미로 쓰입니다.

你先休息一下。
Nǐ xiān xiūxi yíxià.
먼저 좀 쉬십시오.

你先等一下。
Nǐ xiān děng yíxià.
먼저 좀 기다려주십시오.

你先坐一下。
Nǐ xiān zuò yíxià.
먼저 좀 앉으세요.

2 시간부사어와 장소부사어가 같이 나올 때는 시간부사어가 항상 앞에 나옵니다.

晚上七点我在大堂等你。
Wǎnshang qī diǎn wǒ zài dàtáng děng nǐ.
저녁 7시에 로비에서 당신을 기다리겠습니다.

早上七点我在公司餐厅吃早饭。
Zǎoshang qī diǎn wǒ zài gōngsī cāntīng chī zǎofàn.
나는 아침 7시에 회사 식당에서 아침을 먹습니다.

上午十点我在办公室工作。
Shàngwǔ shí diǎn wǒ zài bàngōngshì gōngzuò.
오전 10시에 나는 사무실에서 일합니다.

보충단어

坐 zuò 쭈워	앉다	餐厅 cāntīng 찬팅	식당
早饭 zǎofàn 짜오판	아침밥	办公室 bàngōngshì 빤꿍스	사무실

회화 연습

1 A 你先休息一下，晚上我来接你。먼저 좀 쉬십시오, 저녁에
Nǐ xiān xiūxi yíxià, wǎnshang wǒ lái jiē nǐ.　　제가 모시러 오겠습니다.
니 씨엔 씨우시 이시아, 완상 워 라이 지에 니.

　　 B 辛苦你了。수고하셨습니다.
Xīnkǔ nǐ le.
씬쿠 니 러.

2 A 你可是我们的大客户啊。당신은 저희들의 중요한 손님이십니다.
Nǐ kě shì wǒmen de dà kèhù a.
니 커 스 워먼 더 따커후 아.

　　 B 你真会开玩笑。정말 농담도 잘하십니다.
Nǐ zhēn huì kāi wánxiào.
니 전 훼이 카이 완씨아오.

기본 표현

1 수고하셨습니다.

辛苦你了。
Xīnkǔ nǐ le.
씬쿠 니 러.

2 그 회사는 우리의 중요한 고객입니다.

那个公司是我们的大客户。
Nà ge gōngsī shì wǒmen de dà kèhù.
나거 꿍쓰 스 워먼 더 따커후.

3 국제전화를 걸고 싶습니다.

我要打一个国际长途。
Wǒ yào dǎ yí ge guójì chángtú.
워 야오 다 이거 구워지 창투.

4 오늘 저녁 당신을 위해 취엔쮜더에서 환영회를 열겠습니다.

今晚我们在全聚德为你接风。
Jīnwǎn wǒmen zài Quánjùdé wèi nǐ jiēfēng.
찐완 워먼 짜이 취엔쮜더 웨이 니 지에펑.

비즈니스 표현 Up

1 예약을 했는데요. 제 이름은 ~입니다.

我预约过了，我的名字是…
Wǒ yùyuēguo le, wǒ de míngzì shì…
워 위위에 구워 러, 워더 밍쯔 스…

2 내일 아침 7시에 모닝콜 서비스 부탁합니다.

明天早上7点请叫醒我。
Míngtiān zǎoshang qī diǎn qǐng jiàoxǐng wǒ.
밍티엔 짜오상 치디엔 칭 찌아오 씽 워.

3 방에서 인터넷이 됩니까?

房间里能上网吗？
Fángjiān li néng shàngwǎng ma?
팡지엔 리 넝 상왕 마?

4 하루 더 머물려고 합니다.

我想多住一天。
Wǒ xiǎng duō zhù yì tiān.
워 시앙 뚜워 주 이티엔.

호텔에서

钥匙 yàoshi
열쇠

叫醒服务
jiàoxǐng fúwù
모닝콜 서비스

住宿登记卡
zhùsù dēngjìkǎ
숙박 카드

有线电视
yǒuxiàn diànshì
유선TV

打扫房间
dǎsǎo fángjiān
방을 청소하다

请勿打扰
qǐngwù dǎrǎo
방해하지 마시오

商务中心
shāngwù zhōngxīn
비즈니스 센터

押金 yājīn
보증금

小费 xiǎofèi
팁

结账 jiézhàng
결산하다

退房 tuìfáng
체크아웃하다

健身房 jiànshēnfáng
헬스센터

개혁개방 이후 중국에는 호텔이 우후죽순 격으로 많이 생겨났다. 그리하여 대부분의 세계 유명 호텔의 모습을 중국의 대도시에서 쉽게 찾을 수 있게 되었다. 중국의 호텔은 '宾馆 bīnguǎn', '饭店 fàndiàn' 혹은 '酒店 jiǔdiàn' 이라고 부른다. 제일 좋은 호텔은 5성급 호텔로 물론 가장 비싼 호텔이다. 중국 정부의 규정에 따라 3성급 혹은 3성급 이상의 호텔에서만 외국인을 받을 수 있지만, 많은 여행자들이 대학교 유학생기숙사에서 머물기도 한다. 일반적으로 대학교기숙사는 하루 10달러 정도면 된다.

출장을 간다면 중국 거래처에게 방 예약을 부탁하는 것도 좋은 방법이다. 중국의 큰 회사들은 호텔과 계약이 되어 있어 할인을 받을 수 있기 때문이다. 인터넷을 통해 예약도 가능하다. 현재 중국에서 가장 유명한 여행사이트 가운데 하나인 '携程旅行网(www.ctrip.com)'에서는 전국 2000여 개 이상의 호텔을 할인 가격으로 예약할 수 있다. 또한 여러 호텔의 위치 · 시설 및 가격 등을 비교할 수 있어 많은 중국인들이 이용하고 있다.

제3과

리 과장은 박 과장에게 저녁식사를 대접하기 위해 호텔 프런트에서 박 과장을 기다리고 있다. 박 과장은 식사 장소로 가기 전에 호텔 직원에게 자신에게 걸려오는 전화가 있으면 자신의 핸드폰 번호를 가르쳐 줄 것을 부탁한다.

1. **잘 쉬셨어요?** – 호텔 로비에서
2. **실례하겠습니다.** – 호텔 로비에서

休息得好吗? 잘 쉬셨어요?
Xiūxi de hǎo ma?

#7:00pm

호텔 로비에서

리 과장	박 과장님, 여깁니다.
박용명	죄송합니다, 또 절 마중나오느라 수고롭게 해드렸네요.
리 과장	당연히 제가 해야 할 일입니다. 잘 쉬셨습니까?
박용명	예, 아주 잘 쉬었습니다.
리 과장	갑시다, 리우 사장님께서 식당에서 기다리십니다.
박용명	그래요? 죄송하지만, 잠깐만 기다려 주십시오.

새단어

不好意思 bù hǎoyìsi 뿌 하오 이쓰	부끄럽다, 미안하다	
又 yòu 요우	또	
麻烦 máfan 마판	귀찮다, 폐를 끼치다	
应该 yīnggāi 잉가이	마땅히 ～해야 한다	

休息 xiūxi 씨우시	쉬다
得 de 더	동사나 형용사 뒤에 쓰여 결과나 정도를 표시하는 보어를 연결시키는 역할을 함
稍 shāo 샤오	약간, 좀

在酒店大堂

李经理
> 朴科长，我在这儿。
> Piáo kēzhǎng, wǒ zài zhèr.
> 피아오 커장, 워 짜이 저얼.

朴容明
> 真不好意思，又麻烦你来接我。
> Zhēn bù hǎo yìsi, yòu máfan nǐ lái jiē wǒ.
> 전 뿌 하오 이쓰, 요우 마판 니 라이 지에 워.

李经理
> 应该的，应该的。休息得好吗？
> Yīnggāi de, yīnggāi de. Xiūxi de hǎo ma?
> 잉가이 더, 잉가이 더. 씨우시 더 하오 마?

朴容明
> 休息得很好。
> Xiūxi de hěn hǎo.
> 씨우시 더 헌 하오.

李经理
> 我们走吧，刘总在饭店等我们。
> Wǒmen zǒu ba, Liú zǒng zài fàndiàn děng wǒmen.
> 워먼 조우 바, 리우종 짜이 판띠엔 덩 워먼.

朴容明
> 是吗？ 对不起，稍等一下。
> Shì ma? Duì bu qǐ, shāo děng yíxià.
> 스 마? 뛔이부치, 샤오 덩 이시아.

麻烦你一下。 실례하겠습니다.
Máfan nǐ yíxià.

#7:05pm

호텔 로비에서

박용명	아가씨, 실례 좀 하겠습니다.
종업원	안녕하세요! 무엇을 도와드릴까요?
박용명	제가 외출하는데, 혹 저를 찾는 사람이 있으면 이 전화로 걸어달라고 해주시겠습니까?
종업원	예, 알겠습니다.
박용명	감사합니다.
종업원	별 말씀을요.

새단어

需要	xūyào 쉬야오	필요하다
帮助/帮忙	bāngzhù/bāngmáng 빵주 / 빵망	돕다
这样	zhèyàng 저양	이렇게
出去	chūqù 추취	나가다

…的话	…de huà 더 화	~하면
让	ràng 랑	~하게 하다
放心	fàngxīn 팡신	마음을 놓다

在酒店大堂

朴容明

小姐，麻烦你一下。

Xiǎojie, máfan nǐ yíxià.

샤오지에. 마판 니 이시아.

服务员

您好！有什么需要我帮忙的吗？

Nín hǎo! Yǒu shénme xūyào wǒ bāngmáng de ma?

닌 하오. 요우 션머 쉬야오 워 빵망 더 마?

朴容明

是这样，我要出去一下，有人找我的话，请让他打这个电话。

Shì zhèyàng, wǒ yào chūqu yíxià, yǒu rén zhǎo wǒ de huà, qǐng ràng tā dǎ zhè ge diànhuà.

스 저양. 워 야오 추취 이시아. 요우 런 자오 워더 화. 칭 랑타 다 저거 띠엔화.

服务员

好的，您放心。

Hǎo de, nín fàngxīn.

하오 더. 닌 팡신.

朴容明

谢谢。

Xièxie.

씨에시에.

服务员

不客气。

Bú kèqi.

부 커치.

1 형용사/동사＋得＋기타

정도보어(程度补语)

정도보어는 형용사와 동사의 뒤에 놓여 동사나 형용사가 나타내는 상태나 동작에 대해 구체적인 설명을 해주는 성분입니다.

休息得好吗?
Xiūxi de hǎo ma?

잘 쉬셨습니까?

吃得好吗?
Chī de hǎo ma?

잘 드셨습니까?

他吃得很多。
Tā chī de hěn duō.

그는 매우 많이 먹었습니다.

他喝得很多。
Tā hē de hěn duō.

그는 매우 많이 마셨습니다.

2 '…的话'는 '만약 ~한다면' 의 가정을 나타냅니다.

有人找我的话，请让他打这个电话。
Yǒu rén zhǎo wǒ de huà, qǐng ràng tā dǎ zhè ge diànhuà.
저를 찾는 사람이 있으면, 이 전화로 걸어달라고 해주십시오.

你累的话，先回去休息吧。
Nǐ lèi de huà, xiān huíqù xiūxi ba.
피곤하시면 먼저 돌아가 쉬십시오.

我有很多钱的话，就去世界旅游。
Wǒ yǒu hěn duō qián de huà, jiù qù shìjiè lǚyóu.
내게 돈이 많다면 세계여행을 갈 것입니다.

보충단어

吃 chī 츠 먹다	多 duō 뚜워	많다
喝 hē 흐어 마시다	累 lèi 레이	피곤하다

회화 연습

1 **A** 我明天7点再来。　제가 내일 7시에 다시 오겠습니다.
Wǒ míngtiān qī diǎn zài lái.
워 밍티엔 치디엔 짜이 라이.

B 真不好意思，又麻烦你。　정말 죄송합니다. 또 폐를 끼칩니다.
Zhēn bù hǎo yìsi, yòu máfan nǐ.
전 뿌 하오 이쓰, 요우 마판 니.

2 **A** 昨天休息得好吗？　어제 잘 쉬셨습니까?
Zuótiān xiūxi de hǎo ma?
주워티엔 씨우시 더 하오 마?

B 休息得很好。　예, 잘 쉬었습니다.
Xiūxi de hěn hǎo.
씨우시 더 헌 하오.

3 **A** 不好意思，又麻烦你了。죄송합니다, 또 폐를 끼쳐드렸습니다.
Bù hǎo yìsi, yòu máfan nǐ le.
뿌 하오 이쓰, 요우 마판 니 러.

B 应该的，应该的。당연한 일인걸요.
Yīnggāi de, yīnggāi de.
잉가이 더, 잉가이 더.

기본 표현

1 정말 미안합니다.

真不好意思。
Zhēn bù hǎo yìsi.
전 뿌 하오 이쓰.

2 폐를 많이 끼쳤습니다.

给你添麻烦了。
Gěi nǐ tiān máfan le.
게이 니 티엔 마판 러.

3 당연히 제가 해야 할 일인데
요.

应该的，应该的。
Yīnggāi de, yīnggāi de.
잉가이 더. 잉가이 더.

4 미안해요. 잠깐만 기다려주
세요.

对不起，稍等一下。
Duì bu qǐ, shāo děng yíxià.
뛔이부치. 샤오 덩 이시아.

5 부탁 좀 하려고요.

麻烦你一下。
Máfan nǐ yíxià.
마판 니 이시아.

비즈니스 표현 Up

1 로비 커피숍에서 기다려주십
시오.

请在大厅的咖啡厅里等我。
Qǐng zài dàtīng de kāfēitīng li děng wǒ.
칭 짜이 따팅 더 카페이팅 리 덩 워.

2 금고를 빌릴 수 있어요?

这儿能租保险箱吗？
Zhèr néng zū bǎoxiǎnxiāng ma?
저얼 넝 쭈 바오씨엔시앙 마?

비즈니스 단어 PLUS

장소 관련

大厅 dàtīng
로비

电梯 diàntī
엘리베이터

咖啡厅 kāfēitīng
커피숍

酒吧 jiǔbā
바(bar)

自助餐 zìzhùcān
뷔페

保险箱
bǎoxiǎnxiāng
금고

西餐厅 xīcāntīng
양식당

中餐厅 zhōngcāntīng
중식당

중국 비즈니스 PLUS | 베이징 · 상하이 · 광저우

베이징은 중국의 수도이다. 경제적, 환경적으로 뛰어난 도시는 아니지만 중국의 문화 중심지이다. 베이징에는 모든 것이 크다. 건물도 크고 도로도 넓다. 그리고 베이징 사람들의 마음도 넓다. 수도 시민인 베이징 사람들은 정치의식이 높아 체면을 매우 중시한다. 또한 다른 도시민보다 우월하다는 자신감과 여유가 몸에 배어 있기 때문에 유머나 센스가 풍부하다.

국제도시 상하이는 유리한 지리적 위치를 갖고 있어 경제발전이 가장 빠르다. 그

리하여 상하이에는 세계 유명회사가 많다. 상하이 사람들은 실용적이며 다른 것보다 이익을 먼저 추구한다는 말이 있다. 상하이 사람들은 해외로 진출하고 싶어하는 성향이 강해 해외에서 공부하고 있는 중국 유학생 중에는 상하이 출신이 1위를 차지한다.

광저우는 광동성의 성부(省府)이다. 광동성은 중국의 경제개혁개방을 선도하여 그 영향력을 북쪽으로 확산시킨 대표적인 성(省)이다. 다른 성보다 일찍 개방화를 이룬 광저우 사람들은 정치보다 돈이나 삶의 즐거움을 더 중시한다. 돈이 정부에 있는 것보다 시민에 있어야 한다는 정책 덕분에 광저우 사람들의 생활은 다른 지역 사람들보다 여유롭다.

제4과

박 과장은 리 과장과 함께 택시를 타고 저녁식사 장소로 가
면서 베이징의 변화에 대해 이야기를 나눈다. 그리고 택시기
사에게 택시 렌트에 대한 정보를 얻고 전화번호를 받아둔다.

1. **우리 택시 타고 갑시다.** – 호텔 로비에서
2. **제가 필요할 때 차를 대절할 수 있겠습니까?** – 택시 안에서

我们坐出租车去吧。

Wǒmen zuò chūzūchē qù ba.

우리 택시 타고 갑시다.

#7:15pm

호텔 로비에서

리 과장	오늘 저희 회사 기사가 일이 있어서요, 우리 택시 타고 갑시다.
박용명	좋습니다. 택시를 타는 것도 재미있겠습니다.
리 과장	이번에 와보시니, 베이징의 변화가 크죠?
박용명	예, 아주 큽니다. 많은 곳을 몰라보겠습니다.
리 과장	그래요, 베이징은 거의 매일 변하고 있습니다.
박용명	좋은 현상입니다.

새단어

司机 sījī 쓰지	운전기사	
出租车 chūzūchē 추쭈처	택시	
有意思 yǒu yìsi 요우 이쓰	재미있다	
觉得 juéde 쥐에더	생각하다	
变化 biànhuà 삐엔화	변화	

认不出来 rèn bu chūlái 런부추라이	못 알아보다
差不多 chà bu duō 차부뚜워	거의
现象 xiànxiàng 씨엔씨앙	현상

在酒店大堂

李经理
今天我们公司的司机有事，我们坐出租车去吧。
Jīntiān wǒmen gōngsī de sījī yǒu shì, wǒmen zuò chūzūchē qù ba.
진티엔 워먼 꽁쓰 더 쓰지 요우 스. 워먼 쭈워 추쭈처 취 바.

朴容明
好啊，坐出租车也很有意思。
Hǎo a, zuò chūzūchē yě hěn yǒu yìsi.
하오 아. 쭈워 추쭈처 예 헌 요우 이스.

李经理
你这次来，觉得北京的变化大不大？
Nǐ zhè cì lái, jué de Běijīng de biànhuà dà bu dà?
니 저 츠 라이. 쥐에더 베이징 더 삐엔화 따 부 따?

朴容明
太大了，很多地方我都认不出来了。
Tài dà le, hěn duō dìfang wǒ dōu rèn bu chūlái le.
타이 따 러. 헌 뚜워 띠팡 워 또우 런부추라이 러.

李经理
是啊，北京差不多每天都有变化。
Shì a, Běijīng chà bu duō měitiān dōu yǒu biànhuà.
스 아. 베이징 차부뚜어 메이티엔 또우 요우 삐엔화.

朴容明
这是好现象啊！
Zhè shì hǎo xiànxiàng a!
저 스 하오 씨엔씨앙 아!

我需要的时候可以包车吗？

Wǒ xūyào de shíhou kěyǐ bāochē ma?

제가 필요할 때 차를 대절할 수 있겠습니까?

#7: 25pm

택시 안에서

박용명	기사 아저씨, 베이징에서 택시 모는 게 어떻습니까?
기사	그럭저럭요.
박용명	제가 필요할 때 차를 대절할 수 있겠습니까?
기사	그럼요. 제게 전화만 주시면 됩니다.
박용명	하루에 얼마면 될까요?
기사	오후 5시 이전에는 500위엔입니다.

새단어

开	kāi 카이	운전하다	
还可以	hái kěyǐ 하이 커이	그런대로 괜찮다	
…的时候	…de shíhou 더 스호우	~할 때	
包车	bāochē 빠오처	차를 대절하다	
当然	dāngrán 땅란	당연하다	
大概	dàgài 따까이	대개, 아마	
以前	yǐqián 이치엔	이전	
块	kuài 콰이	위엔(元)	

在出租车上

朴容明

司机先生，在北京开出租车怎么样？

Sījī xiānsheng, zài Běijīng kāi chūzūchē zěnmeyàng?

쓰지 씨엔셩. 짜이 베이징 카이 추쭈처 쩐머양?

司机

还可以。

Hái kěyǐ.

하이 커이.

朴容明

我需要的时候可以包车吗？

Wǒ xūyào de shíhou kěyǐ bāochē ma?

워 쉬야오 더 스호우 커이 빠오처 마?

司机

当然，您给我打个电话就行。

Dāngrán, nín gěi wǒ dǎ ge diànhuà jiù xíng.

땅란. 닌 게이 워 다거 띠엔화 찌우 씽.

朴容明

一天大概多少钱？

Yì tiān dàgài duōshao qián?

이티엔 따까이 뚜워샤오 치엔?

司机

下午5点以前一天500块。

Xiàwǔ wǔ diǎn yǐqián yì tiān wǔ bǎi kuài.

씨아우 우 디엔 이치엔 이티엔 우 바이 콰이.

1 '吧'는 문장 끝에 쓰여 '확인, 건의, 승낙' 등의 어기를 나타냅니다.

我们坐出租车去吧。
Wǒmen zuò chūzūchē qù ba.

우리 택시 타고 갑시다.

你累了吧?
Nǐ lèi le ba?

피곤하시죠?

你是韩国人吧?
Nǐ shì Hánguó rén ba?

당신은 한국인이시죠?

2 '怎么样'은 '어떠하다'라는 뜻으로 문장 끝에서 '어떻습니까?' 하고 상대방의 의향을 묻는 데 주로 쓰입니다.

在北京开出租车怎么样?
Zài Běijīng kāi chūzūchē zěnmeyàng?

베이징에는 택시를 모는 게 어떻습니까?

你们老板怎么样?
Nǐmen lǎobǎn zěnmeyàng?

당신(들) 사장은 어떻습니까?

坐火车去怎么样?
Zuò huǒchē qù zěnmeyàng?

기차를 타고 가는 게 어떻겠습니까?

你们公司怎么样?
Nǐmen gōngsī zěnmeyàng?

당신(들) 회사는 어떻습니까?

보충단어

天气	tiānqì 티엔치	날씨	老板 lǎobǎn 라오반　사장
火车	huǒchē 후워처	기차	

회화 연습

1 A 北京的变化大不大?　베이징의 변화가 크죠?
Běijīng de biànhuà dà bu dà?
베이징 더 삐엔화 따 부 따?

B 太大了，很多地方我都认不出来了。예 아주 큽니다,
Tài dà le, hěn duō dìfang wǒ dōu rèn bu chūlái le.　　　많이 몰라보겠어요.
타이 따 러. 헌 뚜워 띠팡 워 또우 런부추라이 러.

2 A 那家饭店怎么样?　저 음식점은 어떻습니까?
Nà jiā fàndiàn zěnmeyàng?
나 지아 판띠엔 쩐머양?

B 还可以。　괜찮습니다.
Hái kěyǐ.
하이 커이.

3 A 我们坐出租车去吧。　우리 택시 타고 갑시다.
Wǒmen zuò chūzūchē qù ba.
워먼 쭈워 추쭈처 취 바.

B 好吧。　좋습니다.
Hǎo ba.
하오 바.

기본 표현

1 오늘 저희 회사 기사가 일이 좀 있습니다.

今天我们公司的司机有事。
Jīntiān wǒmen gōngsī de sījī yǒu shì.
진티엔 워먼 꽁쓰 더 쓰지 요우 스.

2 베이징은 거의 매일 변합니다.

北京差不多每天都有变化。
Běijīng chà bu duō měitiān dōu yǒu biànhuà.
베이징 차부뚜워 메이티엔 또우 요우 삐엔화.

비즈니스 표현 Up

1 나는 거의 매일 추가 근무합니다.

我差不多每天都加班。
Wǒ chà bu duō měitiān dōu jiābān.
워 차부뚜워 메이티엔 또우 지아빤.

2 택시를 좀 불러주시겠어요?

请帮我叫一辆出租车。
Qǐng bāng wǒ jiào yí liàng chūzūchē.
칭 빵워 찌아오 이리앙 추쭈처.

3 앞에서 U턴하세요.

请在前边掉头。
Qǐng zài qiánbiān diàotóu.
칭 짜이 치엔비엔 띠아오토우.

4 한국영사관까지 얼마나 걸려요?

到韩国领事馆要多长时间？
Dào Hánguó lǐngshìguǎn yào duōcháng shíjiān?
따오 한구워 링스구안 야오 뚜워창 스지엔?

보충단어 急事 jíshì 지스　　급한 일　　加班 jiābān 지아빤　　추가 근무하다

교통 수단

机场大巴 jīchǎng dàbā
공항버스

起价费 qǐjiàfèi
기본요금

打表 dǎbiǎo
미터기대로 하다

售票员 shòupiàoyuán
매표원

加油站 jiāyóuzhàn
주유소

停车场 tíngchēchǎng
주차장

高速公路 gāosù gōnglù
고속도로

交通事故 jiāotōng shìgù
교통사고

地铁 dìtiě
지하철

奔驰 Bēnchí
벤츠

索纳塔 Suǒnàtǎ
소나타

双层巴士 shuāngcéng bāshì
2층버스

중국 비즈니스 PLUS |

중국은 각 지역마다 택시요금이 다르다. 가장 비싼 도시는 광저우(广州)와 선전 (深圳)이다. 기본요금은 7위엔이고 2.3킬로미터를 지나면 매 킬로미터마다 2.6위 엔이 부가된다. 중국의 수도 베이징은 건물이든 도로든 모두 큼직큼직하지만 택 시만은 작은 편이다. 기본요금은 10위엔이고 매 킬로미터마다 1.6위엔 혹은 2위 엔이 부가된다. (1위엔=약 150원)

중국에는 오래된 차가 많아서 에어컨이 제대로 나오지 않는 차도 많다. 여름에 에 어컨이 잘 나오는 택시를 잡으려면 창문 이나 창문에 붙어 있는 가격표를 잘 보면 알 수 있다. 창문을 닫고 있는 차는 대부 분 에어컨이 잘 나오는 차이고 가격표에 2.00元로 표시되어 있는 차는 거의 상태 가 좋은 차라고 할 수 있다. 베이징에서는 택시를 2008년 전에 전부 현대의 소나 타로 바꾼다는 얘기가 있었지만 현대측과 협의가 이루어지지 않았다. 아직까지 중국인의 생각에 택시용으로 쓰이는 차종은 별로 좋지 않은 것이라는 생각이 지 배적이기 때문에 현대에서는 브랜드 이미지를 고려하지 않을 수 없어 실제 협상 에 진전이 없었다. 상하이의 택시는 중국에서도 가장 좋다고 할 수 있다. 차 내부 도 넓고 기사의 서비스도 아주 좋다. 벤츠 택시도 50대 정도 있다고 하니 운이 좋 으면 타볼 수 있을 것이다.

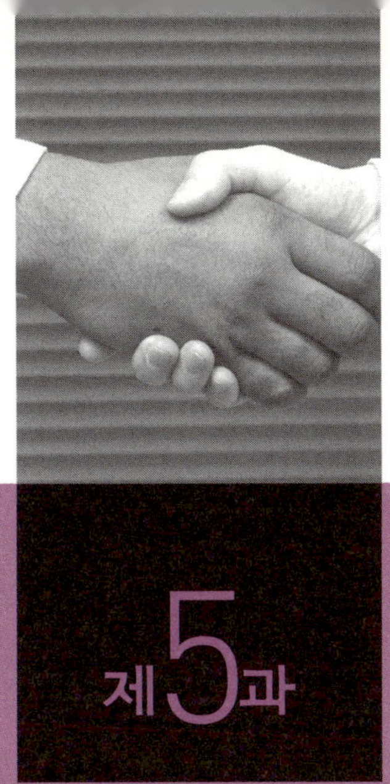

베이징카오야로 유명한 식당 '취엔쮜더'에 도착한 박 과장은 중국 회사의 리우 사장을 소개받는다. 서로 인사를 나누고 메뉴를 고르기 시작한다.

1. **제가 소개해드리겠습니다.** – 음식점에서
2. **무엇을 드시겠습니까?** – 음식점에서

我来介绍一下。

Wǒ lái jièshào yíxià.

제가 소개해드리겠습니다.

#7:40pm

음식점에서

리 과장	제가 소개드리겠습니다, 박 과장님, 이 분은 우리 회사의 리우 사장님이십니다. 리우 사장님, 이 분은 박 과장님이십니다.
리우 사장	안녕하세요! 처음 뵙겠습니다, 잘 부탁드립니다.
박용명	별 말씀을요, 저도 많이 부탁드립니다.
리우 사장	앉으세요, 앉으세요. 당신을 위해 '취엔쮜더'를 예약했습니다만, 입에 맞을지 모르겠습니다.
박용명	제가 안 그래도 정통의 베이징카오야를 먹고 싶었습니다.
리우 사장	잘 됐습니다. 메뉴를 고르세요.

새단어

介绍	jièshào 찌에샤오	소개하다	
就	jiù 찌우	바로	
初次	chūcì 추츠	처음	
关照	guānzhào 꾸안자오	돌보다	
预订	yùdìng 위띵	예약하다	

合	hé 흐어	맞다	
口味	kǒuwèi 코우웨이	입맛	
尝	cháng 창	맛보다	
正宗	zhèngzōng 정종	정통	
点菜	diǎncài 디엔차이	음식을 주문하다	

在饭店

李经理
我来介绍一下，朴科长，这位就是我们
公司的刘总，刘总，这位是朴科长。
Wǒ lái jièshào yíxià, Piáo kēzhǎng, zhè wèi jiùshì wǒmen gōngsī de
Liú zǒng, Liú zǒng, zhè wèi shì Piáo kēzhǎng.
워 라이 찌에샤오 이시아, 피아오 커장, 저 웨이 찌우 스 워먼 꽁쓰 더 리우 종, 리우 종, 저 웨이 스 피아오 커장.

刘总
您好！您好！初次见面，请多关照。
Nín hǎo! Nín hǎo! Chūcì jiànmiàn, qǐng duō guānzhào.
닌 하오! 닌 하오! 추 츠 찌엔미엔, 칭 뚸워 꾸안자오.

朴容明
哪里哪里，我也请您多多关照。
Nǎli nǎli, wǒ yě qǐng nín duōduō guānzhào.
나리 나리, 워 예 칭 닌 뚸워뚸워 꾸안자오.

刘总
请坐，请坐。我们为您预订了全聚德，
不知道合不合您的口味。
Qǐng zuò, qǐng zuò. Wǒmen wèi nín yùdìng le Quánjùdé , bù zhīdao
hé bu hé nín de kǒuwèi.
칭 쭈워, 칭 쭈워. 워먼 웨이 닌 위띵 러 취엔쮜더 , 뿌 즈다오 흐어 뿌 흐어 닌 더 코우웨이.

朴容明
我早就想尝尝正宗的北京烤鸭了。
Wǒ zǎojiù xiǎng chángchang zhèngzōng de Běijīng Kǎoyā le.
워 자오찌우 시앙 창창 정종 더 베이징 카오야 러.

刘总
那太好了。请点菜吧。
Nà tài hǎo le. Qǐng diǎn cài ba.
나 타이 하오 러. 칭 디엔 차이 바.

你们要点儿什么菜?

Nǐmen yào diǎnr shénme cài?

무엇을 드시겠습니까?

#7:50pm

음식점에서

종업원	무엇을 드시겠습니까?
리 과장	베이징카오야 한 마리 하고, 여기에서 잘하는 요리가 무엇입니까?
종업원	여기요, 이 몇 가지 음식이 맛이 정말 좋습니다.
리 과장	그럼, 이것들로 하겠습니다, 아 맞아요, 탕에는 샹차이를 넣지 말아주세요.
종업원	알겠습니다. 술은 뭘로 하시겠습니까?
리 과장	우선 맥주 두 병만 주십시오.

새단어

拿手菜	náshǒucài 나셔우차이	자신있는 요리
味道	wèidao 웨이따오	맛
汤	tāng 탕	국
香菜	xiāngcài 씨앙차이	향채(채소)
酒水	jiǔshuǐ 지우쉐이	술과 음료
啤酒	píjiǔ 피지우	맥주

在饭店

服务员

你们要点儿什么菜？

Nǐmen yào diǎnr shénme cài?

니먼 야오 디알 션머 차이?.

李经理

我们要一只北京烤鸭，你们这儿还有什么拿手菜？

Wǒmen yào yì zhī Běijīng Kǎoyā, Nǐmen zhèr hái yǒu shénme náshǒucài?

워먼 야오 이 즈 베이징 카오야, 니먼 저얼 하이 요우 션머 나셔우차이?

服务员

您看，这几个菜的味道都很不错。

Nín kàn, zhè jǐ ge cài de wèidao dōu hěn búcuò.

닌 칸, 저 지거 차이 더 웨이따오 또우 헌 부추워.

李经理

好，就要这几个。对了，汤里请不要放香菜。

Hǎo, jiù yào zhè jǐ ge. Duì le, tāng li qǐng bú yào fàng xiāngcài.

하오, 찌우 야오 저 지거. 뚸이 러, 탕리 칭 부야오 팡 씨앙차이.

服务员

好的。还要点儿什么酒水吗？

Hǎo de. Hái yào diǎnr shénme jiǔshuǐ ma?

하오 더. 하이 야오 디알 션머 지우쉐이 마?

李经理

先来两瓶啤酒吧。

Xiān lái liǎng píng píjiǔ ba.

씨엔 라이 리앙 핑 피지우 바.

1 就是: 바로 ~이다

这位就是我们公司的刘总。
Zhè wèi jiùshì wǒmen gōngsī de Liú zǒng.
이분이 바로 우리 회사의 리우 사장님이십니다.

我就是朴容明。
Wǒ jiùshì Piáo Róngmíng.
제가 바로 박용명입니다.

这儿就是我们公司。
Zhèr jiùshì wǒmen gōngsī.
여기가 바로 우리 회사입니다.

2 무엇이 갑자기 생각났을 때는 '对了'를 씁니다.

对了, 有人找过你。
Duì le, yǒu rén zhǎoguo nǐ.
아 맞아, 누가 당신을 찾았어요.

对了, 李科长病了。
Duì le, Lǐ kēzhǎng bìng le.
맞다, 이 과장님께서 아프시답니다.

对了, 今天李经理不能来。
Duì le, jīntiān Lǐ jīnglǐ bù néng lái.
아, 오늘 리 과장님께서는 못 오십니다.

회화 연습

1 **A** 我来介绍一下，这位是×××，这位是×××。

Wǒ lái jièshào yíxià, zhè wèi shì ×××, zhè wèi shì ×××.

워 라이 찌에샤오 이시아, 저 웨이 스 ×××, 저 웨이 스 ×××.

제가 소개해 드리겠습니다. 이분은 ×××이고, 이분은 ×××입니다.

B 您好！初次见面，请多关照。 안녕하세요! 처음 뵙겠습니다.

Nín hǎo! Chū cì jiànmiàn, qǐng duō guānzhào.　　잘 부탁드립니다.

닌 하오! 추츠 찌엔미엔, 칭 뚜워 꾸안자오.

C 哪里哪里，我也请您多多关照。 별 말씀을요, 저도 많이

Nǎli nǎli, wǒ yě qǐng nín duōduō guānzhào.　　　　부탁드리겠습니다.

나리 나리, 워 예 칭 닌 뚜워뚜워 꾸안자오.

2 **A** 你们要点儿什么菜？ 뭘 드시겠습니까?

Nǐmen yào diǎnr shénme cài?

니먼 야오 디알 션머 차이?

B 我要一只北京烤鸭。 베이징카오야 한 마리 주세요.

Wǒ yào yì zhī Běijīng Kǎoyā.

워 야오 이즈 베이징 카오야.

3 **A** 你们要点儿什么酒水？ 어떤 술로 드시겠습니까?

Nǐmen yào diǎnr shénme jiǔshuǐ?

니먼 야오 디알 션머 지우쉐이?

B 给我们来一瓶青岛啤酒。 칭다오 맥주 한 병만 주십시오.

Gěi wǒmen lái yì píng Qīngdǎo píjiǔ.

게이 워먼 라이 이 핑 칭다오 피지우.

기본 표현

1 중국요리는 제 입맞에 잘 맞습니다.

中国菜很合我的胃口。
Zhōngguó cài hěn hé wǒ de wèikǒu.
중구워 차이 헌 흐어 워더 웨이코우.

2 오래 전부터 당신을 알고 싶었습니다.

我早就想认识您了。
Wǒ zǎojiù xiǎng rènshi nín le.
워 자오찌우 시앙 런스 닌 러.

3 뭘 주문하시겠습니까?

你们要点儿什么菜？
Nǐmen yào diǎnr shénme cài?
니먼 야오 디알 션머 차이?

4 여기서 잘하는 요리가 뭐 있습니까?

你们这儿有什么拿手菜？
Nǐmen zhèr yǒu shénme náshǒucài?
니먼 저얼 요우 션머 나셔우차이?

비즈니스 표현 Up

1 아가씨, 계산요.

小姐，买单。
Xiǎojie, mǎi dān.
샤오지에. 마이 딴.

2 영수증 주세요.

请给我发票。
Qǐng gěi wǒ fāpiào.
칭 게이 워 파피아오.

3 저분들이 드시는 것하고 같은걸로 주세요.

我想点和他们一样的菜。
Wǒ xiǎng diǎn hé tāmen yíyàng de cài.
워 시앙 디엔 흐어 타먼 이양 더 차이.

보충단어

招牌菜	zhāopáicài	자오파이차이	간판요리
和⋯一样	hé⋯yíyàng	흐어 ~이양	~와 같다

비즈니스 단어 PLUS

식기와 여러 가지 맛

筷子 kuàizi
젓가락

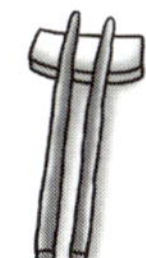

刀子 dāozi
칼

勺子 sháozi
숟가락

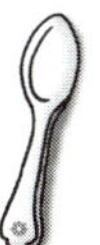

纸巾 zhǐjīn
냅킨

叉子 chāzi
포크

盐 yán
소금

辣 là 맵다

咸 xián 짜다

苦 kǔ 쓰다

酸 suān 시다

甜 tián 달다

淡 dàn 싱겁다

醋 cù
식초

碟子 diézi
접시

중국에는 '民以食为天' 이라는 말이 있다. '음식이 제일 중요하다' 는 뜻이다. 중국인은 음식을 매우 중시하여 그것을 생존의 가장 중요한 문제 중 하나로 보았다. 중국 역사상의 위대한 교육자인 공자는 음식을 인류 발전과 동등한 위치에 놓고 그것들이 인간의 가장 큰 욕구라고 말했다.

중국의 음식문화는 내용이 매우 풍부하고 다양하다. 중국에는 먹을 만한 음식이 정말 많다. 어떤 사람들은 과장해 말하기를 남방 사람들은 '하늘에서 나는 것 중에는 비행기만 빼고, 땅에서 달리는 것은 자동차만 빼고, 물 속에서 헤엄치는 것은 잠수함만 빼고, 다리 네 개 달린 것 중에서는 의자만 빼고 다 먹는다' 라고 말하기도 한다. 먹는 것에 있어서 중국인들은 음식의 색깔, 모양, 맛의 감상을 매우 중요시하여 음식은 각종의 모양으로 상품화되고 또 민족의 특성을 지니는 색다른 이름을 가지기도 한다.

이 밖에 음식을 담는 그릇도 까다로운 요구 조건이 있어 색의 조화와 음식의 종류, 크기 등과 잘 어울리도록 다양하게 발달되어 있다.

제6과

박 과장은 리 과장, 리우 사장과 함께 식사를 하면서 술을 마시며 이야기를 나눈다. 식사를 마치고 서로 인사를 나눈 후, 박 과장은 리 과장과 함께 호텔로 돌아온다.

1. **중국어를 정말 잘하십니다.** – 저녁 식사 자리에서
2. **오늘 돈을 너무 많이 쓰시게 했습니다.** – 식사 후에

你的中文说得真不错。

Nǐ de Zhōngwén shuō de zhēn búcuò.

중국어를 정말 잘하십니다.

#8:00pm

저녁 식사 자리에서

리우 사장 　박 과장님, 중국어를 정말 잘하십니다.

박용명 　뭘요, 아직 멀었습니다.

리우 사장 　자, 박 과장님을 위해 건배합시다.

박용명 　제가 건배를 드려야죠.

리우 사장 　박 과장님 주량이 대단하시죠?

박용명 　한국에서 퇴근하면서 동료들과 몇 잔씩 마신 거라, 주량은 그저 그렇습니다.

리우 사장 　너무 겸손하십니다. 제가 한국인들이 술이 세다는 걸 압니다.

박용명 　중국인들의 주량도 대단하죠.

새단어

敬 jìng 찡	(술, 차 등을) 드리다, 올리다
该 gāi 까이	~의 차례이다
酒量 jiǔliàng 지우리앙	주량
马马虎虎 mǎmahūhū 마마후후	그저 그렇다
一般 yìbān 이빤	보통이다

在饭宴上

刘总	朴科长，您的中文说得真不错。 Piáo kēzhǎng, nín de Zhōngwén shuō de zhēn búcuò. 피아오 커장, 닌더 중원 슈워 더 전 부추워.
朴容明	哪里哪里，还差得远呢。 Nǎli nǎli, hái chà de yuǎn ne. 나리 나리, 하이 차더 위엔 너.
刘总	来，我敬您一杯。 Lái, wǒ jìng nín yì bēi. 라이, 워 찡 닌 이 뻬이.
朴容明	该我敬您一杯。 Gāi wǒ jìng nín yì bēi. 까이 워 찡 닌 이 뻬이.
刘总	朴科长的酒量很不错吧？ Piáo kēzhǎng de jiǔliàng hěn búcuò ba? 피아오 커장 더 지우리앙 헌 부추워 바?
朴容明	在韩国时下班后常和同事去喝两杯，酒量马马虎虎吧。 Zài Hánguó shí xiàbān hòu cháng hé tóngshì qù hē liǎng bēi, jiǔliàng mǎmahūhū ba. 짜이 한구워 스 시아빤 호우 창 흐어 통스 취 흐어 리앙뻬이, 지우리앙 마마후후 바.
刘总	您太客气了，我知道韩国人的酒量都很不错。 Nín tài kèqi le, wǒ zhīdao Hánguó rén de jiǔliàng dōu hěn búcuò. 닌 타이 커치 러, 워 즈다오 한구워 런 더 지우리앙 또우 헌 부추워.
朴容明	中国人的酒量也不一般啊。 Zhōngguó rén de jiǔliàng yě bù yìbān a. 중구워 런 더 지우리앙 예 뿌 이빤 아.

今天让你们破费了。

Jīntiān ràng nǐmen pòfèi le.

오늘 돈을 너무 많이 쓰시게 했습니다.

#9:00pm

식사 후에

박용명	너무 돈을 많이 쓰신 것 같습니다.
리 과장	별 말씀을요, 오늘 요리가 입에 맞으셨는지 모르겠습니다.
박용명	정말 맛있었습니다. 다음에는 제가 초대할 수 있도록 해주십시오.
리 과장	그럼요, 다음에 제가 한국에 가면 꼭 당신께 얻어먹겠습니다.
박용명	시간이 늦었네요, 전 그만 호텔로 돌아가겠습니다.
리 과장	갑시다, 제가 모셔다 드리겠습니다. 가는 길에 내일의 일정도 얘기드리구요.

새단어

破费	pòfèi 포어페이	금전상의 손해를 끼치다	
胃口	wèikǒu 웨이코우	식욕, 구미	
请客	qǐngkè 칭커	한턱 내다	
机会	jīhuì 지훼이	기회	

该	gāi 까이	~해야 한다	
顺便	shùnbiàn 쑨삐엔	~하는 김에	
商量	shāngliang 상리앙	상의하다	
日程	rìchéng 르청	일정, 스케줄	

饭后

朴容明

今天让你们破费了。

Jīntiān ràng nǐmen pòfèi le.

진티엔 랑 니먼 포어페이 러.

李经理

哪儿的话，今天的菜合你的胃口吗？

Nǎr de huà, jīntiān de cài hé nǐ de wèikǒu ma?

나알 더 화. 진티엔 더 차이 흐어 니더 웨이코우 마?

朴容明

今天的菜好吃极了。下次也要给我一个请客的机会啊。

Jīntiān de cài hǎochī jí le. Xià cì yě yào gěi wǒ yí ge qǐngkè de jīhuì a.

진티엔 더 차이 하오츠 지 러. 시아츠 예 야오 게이 워 이거 칭커 더 지훼이 아.

李经理

没问题，下次我去韩国，一定让你请客。

Méi wèntí, xiàcì wǒ qù Hánguó, yídìng ràng nǐ qǐngkè.

메이 원티. 시아츠 워 취 한구워. 이딩 랑 니 칭커.

朴容明

时间不早了，我该回酒店了。

Shíjiān bù zǎo le, wǒ gāi huí jiǔdiàn le.

스지엔 뿌 자오 러. 워 까이 훼이 지우띠엔 러.

李经理

走，我送你回去。顺便商量一下明天的日程。

Zǒu, wǒ sòng nǐ huíqù. Shùnbiàn shāngliang yíxià míngtiān de rìchéng.

조우. 워 쏭 니 훼이취. 쑨삐엔 상리앙 이시아 밍티엔 더 르청.

1 정도보어의 다른 형식입니다. 목적어는 동사 앞으로 올 수
도 있습니다.

您的中文说得真不错。
Nín de Zhōngwén shuō de zhēn búcuò.
당신은 중국어를 정말 잘하시는군요.

你歌唱得真好。
Nǐ gē chàng de zhēn hǎo.
노래를 정말 잘하십니다.

他菜做得很好。
Tā cài zuò de hěn hǎo.
그는 요리를 정말 잘합니다.

2 '该'는 조동사로서 '~해야 한다'는 의미를 나타냅니다. 주
로 '该…了'의 형태로 쓰입니다.

我该回公司了。
Wǒ gāi huí gōngsī le.
저는 회사로 돌아가야 합니다.

你该给李经理打电话了。
Nǐ gāi gěi Lǐ jīnglǐ dǎ diànhuà le.
당신은 리 과장님께 전화를 드려야 합니다.

我该走了。
Wǒ gāi zǒu le.
저는 가야겠습니다.

회화 연습

1　**A** 你的中文说得真好。　중국어를 정말 잘하십니다.
　　　Nǐ de Zhōngwén shuō de zhēn hǎo.
　　　니더 중원 슈워 더 전 하오.

　　B 哪里哪里，还差得远呢。　별 말씀을요, 아직 멀었습니다.
　　　Nǎli nǎli, hái chà de yuǎn ne.
　　　나리 나리, 하이 차 더 위엔 너.

2　**A** 我敬你一杯。　당신을 위해 한잔 하겠습니다.
　　　Wǒ jìng nǐ yì bēi.
　　　워 찡 니 이 뻬이.

　　B 我也敬您一杯。　저두 당신을 위해서 한잔 하겠습니다.
　　　Wǒ yě jìng nín yì bēi.
　　　워 예 찡 닌 이 뻬이.

3　**A** 今天让你们破费了。　오늘 돈을 너무 많이 쓰셨습니다.
　　　Jīntiān ràng nǐmen pòfèi le.
　　　진티엔 랑 니먼 포어페이 러.

　　B 哪儿的话。　별 말씀을요.
　　　Nǎr de huà.
　　　나알 더 화.

기본 표현

1 중국어를 정말 잘하십니다.

您的中文说得真不错。

Nín de Zhōngwén shuō de zhēn búcuò.

닌 더 중원 슈워 더 전 부추워.

2 별 말씀을요, 아직 멀었습니다.

哪里哪里，还差得远呢。

Nǎli nǎli, hái chà de yuǎn ne.

나리 나리, 하이 차더 위엔 너.

3 술을 정말 잘하시네요.

您真是海量！

Nín zhēn shì hǎiliàng!

닌 전스 하이리앙!

4 제 주량은 보통입니다.

我酒量马马虎虎。

Wǒ jiǔliàng mǎmahūhū.

워 지우리앙 마마후후.

5 오늘 제가 한턱 내겠습니다.

今天我请客。

Jīntiān wǒ qǐng kè.

진티엔 워 칭커.

비즈니스 표현 Up

1 저는 맥주만 조금 먹을 수 있습니다.

我只能喝一点儿啤酒。

Wǒ zhǐ néng hē yì diǎnr pí jiǔ.

워 즈넝 흐어 이디알 피지우.

2 전 아무거나 먹어도 괜찮습니다.

我吃什么都行。

Wǒ chī shénme dōu xíng.

워 츠 션머 또우 씽.

3 오늘 정말 잘 먹었습니다.

今天真是大饱了口福。

Jīntiān zhēn shì dà bǎo le kǒufú.

진티엔 전 스 따 바오러 코우푸.

비즈니스 단어 PLUS

음식 관련

米饭 mǐfàn
쌀밥

凉菜 liángcài
냉채

肉菜 ròucài
고기요리

素菜 sùcài
야채요리

主食 zhǔshí
주식

炒饭 chǎofàn
볶음밥

炒面 chǎomiàn
볶음면

炒 chǎo
볶다

煮 zhǔ
삶다

拌 bàn
비비다

炸 zhá
튀기다

蒸 zhēng
찌다

饺子 jiǎozi
만두

중국 술의 역사는 중국의 역사만큼이나 길다. 중국인들이 한국인만큼 술을 좋아한다고 할 수는 없지만 중국의 술 종류는 셀 수 없을 만큼 많다. 각 지방마다 그 지방을 대표하는 술이 따로 있을 정도이다.

한국에서 술을 마실 때에는 잔을 비워야 다시 술을 따라주지만 중국인의 술잔은 항상 가득차 있다. 따라서 상대방의 술잔이 비기 전에 수시로 첨잔해 주어야 한다. 또한 한국인이 잔을 돌리는 습관이 있는데 비해 중국에서는 절대로 그렇게 하면 안 된다. 중국의 술은 도수가 높은 술이 대부분인데 비해 술을 먹고 술주정을 부리는 사람이 별로 없다. 지하철이나 버스 안에서도 술 냄새를 풍기는 사람은 보이지 않는다. 아무래도 체면을 가장 중요하다고 생각하는 중국인은 그런 모습을 남에게 보이기 싫어하는 것이 아닐까 싶다.

세계적으로 유명한 중국술은 마오타이(茅台)와, 우량예(五粮液)이다. 가격은 중국술 중에서도 가장 비싸다고 할 수 있다. 또, 한국인에게 잘 맞는 술은 산서성에서 만들어진 쥬예칭(竹叶青)이다.

제 7 과

호텔로 돌아오는 길에 리 과장과 내일의 일정을 이야기하며
다음 날 회사에서 만날 약속을 한다. 호텔로 돌아온 박 과장
은 프런트에 전화를 해서 다음 날 입을 옷 세탁을 주문한다.

1. **내일 뵙겠습니다.** – 호텔 입구에서
2. **드라이크리닝을 두 벌 하고 싶습니다.** – 호텔 방에서

#9:10pm

호텔 입구에서

박용명   리 과장님, 오늘 너무 수고 많으셨습니다.

리 과장   늘 너무 겸손하십니다. 내일 오전 10시에 저희 회사에 오시는 게 어떻겠습니까?

박용명   좋습니다, 10시에 맞춰 가겠습니다.

리 과장   혼자 오실 수 있으시겠습니까?

박용명   당연하죠, 택시를 타고 가면 됩니다.

리 과장   그럼 오늘은 일찍 쉬시고, 내일 뵙겠습니다.

박용명   리 과장님도 일찍 쉬십시오, 내일 뵙겠습니다.

새단어

总是	zǒngshì 종스	늘, 언제나
打车	dǎchē 다처	택시를 타다

在酒店门口

朴容明
李经理，今天辛苦你了。
Lǐ jīnglǐ, jīntiān xīnkǔ nǐ le.
리 징리. 진티엔 씬쿠 니 러.

李经理
你总是这么客气。你明天上午十点来我们公司怎么样？
Nǐ zǒngshì zhème kèqi. Nǐ míngtiān shàngwǔ shí diǎn lái wǒmen gōngsī zěnmeyàng?
니 종스 저머 커치. 니 밍티엔 상우 스 디엔 라이 워먼 꽁쓰 쩐머양?

朴容明
没问题。我十点准时到。
Méi wèntí. Wǒ shí diǎn zhǔnshí dào.
메이 원티. 워 스 디엔 준스 따오.

李经理
你自己来行吗？
Nǐ zìjǐ lái xíng ma?
니 쯔지 라이 씽 마?

朴容明
那当然，我打车过去就行了。
Nà dāngrán, wǒ dǎchē guòqù jiù xíng le.
나 땅란. 워 다처 꾸워취 찌우 씽 러.

李经理
那你今天早点儿休息，我们明天见。
Nà nǐ jīntiān zǎodiǎnr xiūxi, wǒmen míngtiān jiàn.
나 니 진티엔 자오 디알 씨우시, 워먼 밍티엔 지엔.

朴容明
你也早点儿休息，明天见。
Nǐ yě zǎodiǎnr xiūxi, míngtiān jiàn.
니 예 자오 디알 씨우시, 밍티엔 지엔.

我想干洗两件衣服。

Wǒ xiǎng gānxǐ liǎng jiàn yīfu.

드라이크리닝을 두 벌 하고 싶습니다.

#9:30pm

호텔 방에서

박용명	죄송합니다, 이렇게 늦게 전화를 해서.
종업원	괜찮습니다.
박용명	드라이크리닝을 할 옷이 두 벌 있는데요, 내일 오전 9시 이전에 입어야 합니다만.
종업원	문제 없습니다, 지금 바로 종업원이 가지러 갈 겁니다.
박용명	감사합니다.
종업원	별 말씀을요, 안녕히 계십시오.

새단어

干洗 gānxǐ 깐시	드라이클리닝
穿 chuān 추안	입다
取 qǔ 취	찾다, 찾아 가지다
马上 mǎshàng 마상	곧, 바로

在酒店房间

朴容明

不好意思，这么晚打电话。
Bù hǎo yìsi, zhème wǎn dǎ diànhuà.
뿌 하오 이쓰. 저머 완 다 띠엔화.

服务员

没关系。
Méi guānxi.
메이 꾸안시.

朴容明

我想干洗两件衣服，明天上午九点以前要穿。
Wǒ xiǎng gānxǐ liǎng jiàn yīfu, míngtiān shàngwǔ jiǔ diǎn yǐqián yào chuān.
워 시앙 깐시 리앙 지엔 이푸. 밍티엔 상우 지우 디엔 이치엔 야오 추안.

服务员

没问题，我马上让服务员去取。
Méi wèntí, wǒ mǎshàng ràng fúwùyuán qù qǔ.
메이 원티. 워 마상 랑 푸우위엔 취 취.

朴容明

太谢谢你了。
Tài xièxie nǐ le.
타이 씨에시에 니 러.

服务员

不客气，再见!
Bú kèqi, zàijiàn!
부 커치. 짜이 지엔!

1 미안함을 표시할 때 중국사람들은 '对不起' 보다 '不好意思' 를 더 많이 사용합니다.

不好意思, 我认错人了。
Bù hǎo yìsi, wǒ rèncuò rén le.
죄송합니다, 제가 사람을 잘못 알아봤습니다.

不好意思, 让你久等了。
Bù hǎo yìsi, ràng nǐ jiǔ děng le.
오래 기다리게 해서 죄송합니다.

不好意思, 我忘了你的名字。
Bù hǎo yìsi, wǒ wàng le nǐ de míngzi.
죄송합니다만, 제가 당신 이름을 잊어버렸습니다.

2 '想' 은 능원동사이며 '~을 하고 싶다' 의 뜻입니다.

我想尝尝正宗的中国菜。
Wǒ xiǎng chángchang zhèngzōng de Zhōngguó cài.
나는 정통의 중국 음식이 먹고 싶습니다.

我想买点儿纪念品。
Wǒ xiǎng mǎidiǎnr jìniànpǐn.
나는 기념품을 사고 싶습니다.

我孩子想来中国留学。
Wǒ háizi xiǎng lái Zhōngguó liúxué.
제 아이가 중국에 유학을 오고 싶어 합니다.

보충단어

忘 wàng 왕	잊다	纪念品 jìniànpǐn 찌니엔핀　기념품
留学 liúxué 리우쉬에	유학하다	

1

A 不好意思，这么晚打电话。이렇게 늦게 전화를 드려서
Bù hǎo yìsi, zhème wǎn dǎ diànhuà.　　　　죄송합니다.
뿌 하오 이쓰, 저머 완 다 띠엔화.

B 没关系。　괜찮습니다.
Méi guānxi.
메이 꾸안시.

2

A 你明天有什么打算？　내일 무슨 계획이 있으십니까?
Nǐ míngtiān yǒu shénme dǎsuàn?
니 밍티엔 요우 션머 다쑤안?

B 我想去见客户。　바이어를 만나러 갈 생각입니다.
Wǒ xiǎng qùjiàn kèhù.
워 시앙 취찌엔 커후.

3

A 太谢谢你了。　정말 감사합니다.
Tài xièxie nǐ le.
타이 씨에시에 니 러.

B 不客气，再见！　뭘요, 다음에 뵙겠습니다.
Bú kèqi, zàijiàn!
부 커치, 짜이 지엔!

기본 표현

1 항상 이렇게 겸손하십니다.

你总是这么客气。
Nǐ zǒngshì zhème kèqi.
니 종스 저머 커치.

2 내일 뵙시다.

我们明天见。
Wǒmen míngtiān jiàn.
워먼 밍티엔 찌엔.

3 서울에서 만납시다.

我们在汉城见!
Wǒmen zài Hànchéng jiàn!
워먼 짜이 한청 찌엔!

4 밤 늦게 전화해서 죄송합니다.

不好意思，这么晚打电话。
Bù hǎo yìsi, zhème wǎn dǎ diànhuà.
뿌 하오 이쓰, 저머 완 다 띠엔화.

5 바로 가겠습니다.

我马上来。
Wǒ mǎshàng lái.
워 마상 라이.

비즈니스 표현 Up

1 이 바지 좀 다려주세요.

这条裤子请给我熨一下。
Zhè tiáo kùzi qǐng gěi wǒ yùn yíxià.
저 티아오 쿠즈 칭 게이 워 윈 이시아.

2 옷의 단추가 떨어졌는데 달 수 있어요?

这件衣服扣子掉了，能帮我钉一下吗?
Zhè jiàn yīfu kòuzi diào le, néng bāng wǒ dìng yíxià ma?
저 지엔 이푸 코우즈 띠아오 러, 넝 빵 워 띵 이시아 마?

3 내일 오전 9시 전에 드라이 끝낼 수 있을까요?

明天上午9点之前能洗完吗?
Míng tiān shàngwǔ jiǔ diǎn zhī qián néng xǐwán ma?
밍티엔 상우 지우 디엔 즈 치엔 넝 씨완 마?

비즈니스 단어 PLUS

의복의 종류

裤子 kùzi
바지

衬衫 chènshān
셔츠

西服 xīfú
양복

领带 lǐngdài
넥타이

内衣 nèiyī
내복

大衣 dàyī
코트

毛衣 máoyī
스웨터

皮衣 píyī
가죽으로 만든 옷

袜子 wàzi
양말

围巾 wéijīn
목도리

手套 shǒutào
장갑

裙子 qúnzi
치마

개혁개방 정책이 시작된 이래로 중국은 외국의 영향을 많이 받고 있다. 세계 유명 회사들도 중국시장에서 치열한 경쟁을 벌이고 있다. 중국인들은 외국문화를 잘 받아들여, 중국제품을 세계 어느 곳에서든 볼 수 있는 것처럼, 중국에는 자동차부터 음식까지 외국제품이 없는 것이 없다.

외국문화가 이 정도로 생활 속으로 파고들었다면 국내의 회사 이름이나 제품 브랜드도 영어로 표시할 만 한데 중국은 여전히 모든 것을 한자로 고집해오고 있다. 맥

도날드는 '麦当劳 Màidāngláo'로 KFC는 '肯德基 Kěndéjī'로, Friday는 '星期五餐厅 xīngqīwǔ cāntīng'으로 바꿔 표기하고 있다. 따라서 중국어를 공부하는 외국인들은 중국어로 표기된 외래어가 무슨 뜻인지 알지 못해 난처한 일도 많다. 하지만 중국인이니 그들 땅에서는 그들의 언어로 얘기하는 것도 당연한 것이 아닐까 싶다.

따라서 중국에 진출할 기업들이 중국에서 성공하려면 듣기 좋고, 부르기 좋은 중국 이름을 갖는 것이 필수 조건이다.

제8과

다음 날 아침, 박 과장은 약속된 시간까지 중국 회사가 있는
중관촌으로 가기 위해 택시를 탔지만 교통정체로 길 위에서
오도가도 못하게 된다. 박 과장은 전화를 걸어 약속 시간에
늦는다고 리 과장에게 전해줄 것을 부탁한다.

1. **어느 길로 가시겠습니까?** – 택시 안에서
2. **리 과장님께 꼭 전해드리겠습니다.** – 택시 안에서

你想走哪条路?

Nǐ xiǎng zǒu nǎ tiáo lù?

어느 길로 가시겠습니까?

#9:00am

택시 안에서

박용명	중관촌으로 갑시다.
택시 기사	예, 어느 길로 갈까요?
박용명	상관없으니 빠른 길로 갑시다.
택시 기사	이 시간에는 어딜 가든 차가 막힙니다.
박용명	베이징에 차들이 정말 많군요!
택시 기사	예, 베이징에 자가용이 점점 많아져서, 교통 문제 역시 점점 심각해지고 있습니다.
박용명	우리 나라도 마찬가지입니다.

새단어

堵车	dǔchē 두처	차가 막히다
私家车	sījiāchē 쓰지아처	자가용
交通	jiāotōng 지아오통	교통
严重	yánzhòng 옌종	심각하다
国家	guójiā 구워지아	국가

고유명사

中关村	Zhōngguāncūn 중관촌	중관촌
		(베이징의 한 지명)

在出租车上

朴容明

到中关村。
Dào Zhōngguāncūn.
따오 중관춘.

司机

好。你想走哪条路？
Hǎo. Nǐ xiǎng zǒu nǎ tiáo lù?
하오. 니 시앙 조우 나 티아오 루?

朴容明

我没关系。怎么走快就怎么走吧。
Wǒ méi guānxi. Zěnme zǒu kuài jiù zěnme zǒu ba.
워 메이 꾸안시. 쩐머 조우 콰이 찌우 쩐머 조우 바.

司机

这个时间走哪儿都堵车。
Zhè ge shíjiān zǒu nǎr dōu dǔchē.
저거 스지엔 조우 나알 또우 두처.

朴容明

北京的车真不少啊！
Běijīng de chē zhēn bù shǎo a!
베이징 더 처 전 뿌 샤오 아!

司机

是啊，北京的私家车越来越多，交通问题也就越来越严重了。
Shì a, Běijīng de sījiāchē yuè lái yuè duō, jiāotōng wèntí yě jiù yuè lái yuè yánzhòng le.
스 아. 베이징 더 스지아처 위에 라이 위에 뚜워, 지아오통 원티 예 찌우 위에 라이 위에 옌종 러.

朴容明

我们国家也一样。
Wǒmen guójiā yě yíyàng.
워먼 구워지아 예 이양.

我一定转告李经理。

Wǒ yídìng zhuǎngào Lǐ jīnglǐ.

리 과장님께 꼭 전해드리겠습니다.

#9:50am

택시 안에서

직원	안녕하세요! 신롄공사입니다.
박용명	안녕하세요, 리 과장님 계십니까?
직원	리 과장님은 지금 회의 중이신데, 무슨 일이십니까?
박용명	제가 오늘 10시에 리 과장님과 약속이 있는데, 길이 막혀서 조금 늦을 것 같습니다.
직원	알겠습니다, 제가 반드시 리 과장님께 전해드리겠습니다.
박용명	감사합니다.

새단어

开会	kāihuì	카이훼이	회의를 열다
约会	yuēhuì	위에훼이	약속
可能	kěnéng	커넝	가능하다, ～할 것이다
转告	zhuǎngào	주안까오	전하여 알리다

고유명사

新联公司	Xīnlián Gōngsī	신롄꽁쓰	신롄회사

在出租车上

职员

您好！新联公司。

Nín hǎo! Xīnlián gōngsī.

닌 하오! 신롄 꿍쓰.

朴容明

你好，请问李经理在吗？

Nǐ hǎo, qǐng wèn Lǐ jīnglǐ zài ma?

니 하오, 칭 원 리 징리 짜이 마?

职员

李经理正在开会，您有什么事吗？

Lǐ jīnglǐ zhèngzài kāihuì, nín yǒu shénme shì ma?

리 징리 정 짜이 카이훼이, 닌 요우 션머 스 마?

朴容明

是这样，今天10点我和李经理有个约会，可是路上很堵车，可能会晚一点儿。

Shì zhè yàng, jīntiān shí diǎn wǒ hé Lǐ jīnglǐ yǒu ge yuēhuì, kěshì lùshang hěn dǔchē, kěnéng huì wǎn yì diǎnr.

스 저양, 진티엔 스디엔 워 흐어 리 징리 요우거 위에훼이, 커스 루상 헌 두처, 커넝 훼이 완 이디알.

职员

好，我一定转告李经理。

Hǎo, wǒ yídìng zhuǎngào Lǐ jīnglǐ.

하오, 워 이딩 주안까오 리 징리.

朴容明

谢谢。

Xièxie.

씨에시에.

1 '越来越'는 부사로서 '더욱더, 점점'이라는 뜻으로 시간이 지남에 따라 정도가 심해짐을 나타냅니다.

北京的私家车越来越多。
Běijīng de sījiāchē yuè lái yuè duō.
베이징에 자가용이 갈수록 많아지고 있습니다.

汉城的交通问题越来越严重。
Hànchéng de jiāotōng wèntí yuè lái yuè yánzhòng.
서울의 교통문제는 더욱더 심각해지고 있습니다.

天气越来越热。
Tiānqì yuè lái yuè rè.
날씨가 점점 더워지고 있습니다.

2 중국어의 진행태는 '正在…(呢) / 在…(呢) / …呢'로 씁니다.

李经理正在开会。
Lǐ jīnglǐ zhèngzài kāihuì.
리 과장님은 회의하고 계십니다.

等一等, 我正在打电话呢。
Děng yi děng, wǒ zhèngzài dǎ diànhuà ne.
기다리세요, 제가 지금 전화를 하고 있거든요.

李经理正在见客人呢。
Lǐ jīnglǐ zhèngzài jiàn kèren ne.
리 과장님은 지금 손님을 만나고 계십니다.

회화 연습

1 A 您好！××公司。　안녕하세요! ××회사입니다.
Nín hǎo! ×× gōngsī.
닌 하오! ××꽁쓰.

B 请问，李经理在吗？　실례지만, 리 과장님 계십니까?
Qǐng wèn, Lǐ jīnglǐ zài ma?
칭 원. 리 징리 짜이 마?

2 A 请告诉他我晚点儿到。　제가 좀 늦는다고 그에게 전해주세요.
Qǐng gàosu tā wǒ wǎndiǎnr dào.
칭 까오수 타 워 완디알 따오.

B 好，我一定转告他。　알겠습니다, 제가 꼭 전해드리겠습니다.
Hǎo, wǒ yídìng zhuǎngào tā.
하오. 워 이딩 주안까오 타.

3 A 你想走哪条路？　어느 길로 가시겠습니까?
Nǐ xiǎng zǒu nǎ tiáo lù?
니 시앙 조우 나 티아오 루?

B 我没关系，怎么走快怎么走吧。　상관없습니다,
Wǒ méi guānxi, zěnme zǒu kuài zěnme zǒu ba.　빠른 길로 가주세요.
워 메이 꾸안시. 쩐머 조우 콰이 쩐머 조우 바.

기본 표현

1 어느 길로 가고 싶으세요?

你想走哪条路？

Nǐ xiǎng zǒu nǎ tiáo lù?

니 시앙 조우 나 티아오 루?

2 빠른 길로 가주세요.

怎么走快就怎么走吧。

Zěnme zǒu kuài jiù zěnme zǒu ba.

쩐머 조우 콰이 찌우 쩐머 조우 바.

3 우리나라도 마찬가지입니다.

我们国家也一样。

Wǒmen guójiā yě yíyàng.

워먼 구워지아 예 이양.

4 실례지만 이 과장님 계십니까?

请问，李经理在吗？

Qǐng wèn, Lǐ jīnglǐ zài ma?

칭 원, 리 징리 짜이 마?

5 반드시 전해드리겠습니다.

我一定转告他。

Wǒ yídìng zhuǎngào tā.

워 이딩 주안까오 타.

비즈니스 표현 Up

1 잘못 거셨습니다.

你打错了。

Nǐ dǎcuò le.

니 다 추워 러.

2 이 과장님은 출장가셨습니다.

李经理出差了。

Lǐ jīnglǐ chūchāi le.

리 징리 추차이 러.

3 언제 돌아오시겠습니까?

请问他什么时候能回来？

Qǐngwèn tā shénme shíhou néng huílái?

칭 원 타 션머 스호우 넝 훼이라이?

비즈니스 단어 PLUS

도로 교통

 天桥 tiānqiáo
육교

市区 shìqū
시내

高架桥 gāojiàqiáo
고가다리

环路 huánlù
순환도로

郊区 jiāoqū
시외

人行横道
rénxíng héngdào
횡단보도

 人行道 rénxíngdào
인도

单行线 dānxíngxiàn
일반통행

超速驾驶
chāosù jiàshǐ
과속운전

酒后驾驶
jiǔhòu jiàshǐ
음주운전

罚款 fákuǎn
벌금(을 내다)

红绿灯 hónglǜdēng
신호등 

중국 비즈니스 PLUS | 자전거부터 자가용까지

중국에 가장 많은 것이 무엇이냐고 묻는다면 가장 먼저 떠오르는 것이 바로 자전거이다. 중국은 '자전거왕국' 답게 자전거가 정말 많다. 우리 나라에서 자동차 교통사고가 많듯이 중국에서는 자전거 사고를 종종 볼 수 있다. 하지만 무질서함 속에서도 대열을 이루어 달리는 자전거 무리를 볼 때면 경이로움을 감출 수가 없다. 도로에는 버스 전용차로 대신 자전거 전용도로가 있어 역시 자전거의 나라임을 알 수가 있다.

하지만 최근 몇 년간 대도시에는 자전거가 점점 적어지고 있는 추세이다. 중국인의 생활 수준이 높아지면서 자가용이 중국인의 생활 속에 자리잡았기 때문이다. 지속적인 경제 발전에 따라 중국인의 수입은 크게 늘었고 또한 금융체제의 완화로 자가용을 살 수 있게 된 것이다.

이에 세계 유명자동차 회사들은 잇따라 중국에서 자동차 공장을 세우고 있다. 세계 어느 나라도 13억의 자동차 시장을 무시할 수가 없을 것이다.

제9과

중국 회사에 도착한 박 과장은 리 과장에게 약속시간에 늦은 것에 대해 사과를 한다. 그리고 발전한 베이징의 변화에 대해 이야기한다. 회의실에서 두 사람은 본격적으로 합작 계약건에 대해 의견을 나눈다.

1. 길에서 차가 이렇게 막힐 줄은 몰랐습니다. - 신롄공사에서
2. 저희가 알려드린 가격에 대해 귀사에서는 어떤 의견이 있습니까?
- 신롄공사 회의실에서

没想到路上这么堵车。

Méi xiǎng dào lùshang zhème dǔchē.

길에서 차가 이렇게 막힐 줄은 몰랐습니다.

#10:10am

신롄공사에서

박용명	정말 죄송합니다, 길에서 차가 이렇게 막힐 줄은 몰랐습니다.
리 과장	괜찮습니다, 저도 방금 회의가 끝났습니다.
박용명	길에 있는 차들을 보니 베이징의 발전 상황을 볼 수 있었습니다.
리 과장	예, 베이징의 차는 점점 많아지고 있습니다.
박용명	저는 제가 서울에 있는 줄 알았습니다. 리 과장님도 차를 타고 출근하십니까?
리 과장	아니요, 저는 지하철 타는 것을 좋아합니다, 지각하지 않으니까요.
박용명	저도 그렇습니다, 지하철에서 북적거릴지언정 길에서 차가 막히는 건 싫거든요.
리 과장	회의실이 저기입니다, 우리 건너가서 이야기합시다.

새단어

没想到	méi xiǎngdào 메이시앙따오	생각지 못하다, 뜻밖이다
刚	gāng 깡	막
发展	fāzhǎn 파잔	발전(하다)
差点儿	chàdiǎnr 차디알	거의, 하마터면
以为	yǐwéi 이웨이	생각하다, 여기다
地铁	dìtiě 띠티에	지하철
免得	miǎnde 미엔더	~하지 않도록
迟到	chídào 츠따오	지각하다
宁愿	nìngyuàn 닝위엔	차라리
挤	jǐ 지	붐비다, 들어차다
会议室	huìyìshì 훼이스	회의실

在新联公司

朴容明
真对不起，没想到路上这么堵车。
Zhēn duì bu qǐ, méi xiǎngdào lùshang zhème dǔchē.
전 뚜이부치, 메이 시앙따오 루상 저머 두처.

李经理
没关系，我也刚开完会。
Méi guānxi, wǒ yě gāng kāiwán huì.
메이 꾸안시, 워 예 깡 카이완 훼이.

朴容明
看路上的车就知道北京的发展了。
Kàn lùshang de chē jiù zhīdao Běijīng de fāzhǎn le.
칸 루상 더 처 찌우 즈다오 베이징 더 파잔 러.

李经理
是啊，北京的车越来越多了。
Shì a, Běijīng de chē yuè lái yuè duō le.
스 아, 베이징 더 처 위에 라이 위에 뚜워 러.

朴容明
我差点儿以为我是在汉城呢。李经理也
开车上班吗？
Wǒ chàdiǎnr yǐwéi wǒ shì zài Hànchéng ne. Lǐ jīnglǐ yě kāichē shàng
bān ma?
워 차디알 이웨이 워 스 짜이 한청 너. 리 징리 예 카이처 상빠 마?

李经理
不，我喜欢坐地铁，免得上班迟到。
Bù, wǒ xǐhuan zuò dìtiě, miǎn de shàngbān chídào.
뿌, 워 씨후안 쭈워 띠티에, 미엔 더 상빠 츠따오.

朴容明
我也是，我宁愿在地铁里挤也不愿意
堵在路上。
Wǒ yě shì, wǒ nìngyuàn zài dìtiě li jǐ yě bú yuànyì dǔ zài lùshang.
워 예 스, 워 닝위엔 짜이 띠티에 리 지 예 부 위엔이 두 짜이 루상.

李经理
会议室在那边，我们过去谈吧。
Huìyìshì zài nàbiān, wǒmen guòqu tán ba.
훼이이스 짜이 나 비엔, 워먼 꾸워취 탄 바.

我们报的价格贵公司有什么意见?

Wǒmen bào de jiàgé guì gōngsī yǒu shénme yìjiàn?

저희가 알려드린 가격에 대해 귀사에서는 어떤 의견이 있습니까?

#10:20am

신롄공사 회의실에서

리 과장	박 과장님, 저희가 알려드린 가격에 대해 귀사에서는 어떤 의견이 있습니까?
박용명	귀사에서 제시하신 가격은 타사 동류 제품의 가격에 비해 좀 높은 것 같습니다.
리 과장	저희 회사의 상품이 각 방면에서 모두 뛰어나다는 것을 아시지 않습니까?
박용명	이 점은 저희도 잘 압니다, 하지만 저희도 원가 문제를 고려해야 해서요.
리 과장	그럼 이렇게 합시다. 만약 귀사에서 주문량을 높히신다면, 저희도 다시 5% 낮춰보겠습니다.
박용명	제가 상사에게 보고를 드리고, 최대한 빨리 대답을 드리겠습니다.
리 과장	좋습니다. 좋은 소식 있기를 기대하겠습니다. 저희 회사 공장을 견학하고 싶다고 하셨죠? 11시에 출발하는 게 어떻겠습니까?

새단어

报	bào 빠오		가격을 알리다
价格	jiàgé 찌아거		가격
意见	yìjiàn 이지엔		의견
同类	tónglèi 통레이		동류
产品	chǎnpǐn 찬핀		제품
方面	fāngmiàn 팡미엔		방면
数一数二	shǔ yī shǔ èr 수이수얼		뛰어나다, 손꼽히다
清楚	qīngchu 칭추		분명하다, 이해하다
不得不	bù dé bù 뿌더뿌		~하지 않으면 안 된다, 반드시 ~해야 한다
考虑	kǎolǜ 카오뤼		고려하다

成本	chéngběn 청번		원가
增加	zēngjiā 쩡지아		증가하다
订货量	dìnghuòliàng 띵후워리앙		주문량
优惠	yōuhuì 요우훼이		우대의, 특혜의
上级	shàngjí 상지		상사
汇报	huìbào 훼이빠오		종합 보고하다
尽快	jǐnkuài 진콰이		되도록 빨리
答复	dáfù 다푸		회답(하다)
消息	xiāoxi 씨아오시		소식
参观	cānguān 찬관		참관하다
工厂	gōngchǎng 꽁창		공장
出发	chūfā 추파		출발하다

在新联公司会议室

李经理
朴科长，我们报的价格贵公司有什么意见？
Piáo kēzhǎng, wǒmen bào de jiàgé guì gōngsī yǒu shénme yìjiàn?
피아오 커장. 워먼 빠오 더 찌아거 꿰이 꽁쓰 요우 션머 이지엔?

朴容明
我们觉得你们的价格比其它同类产品的价格高一些。
Wǒmen jué de nǐmen de jiàgé bǐ qítā tónglèi chǎnpǐn de jiàgé gāo yìxiē.
워먼 쥐에더 니먼 더 찌아거 비 치타 통레이 찬핀 더 찌아거 까오 이시에.

李经理
你们也知道，我们的产品在各方面都是数一数二的。
Nǐmen yě zhīdao, wǒmen de chǎnpǐn zài gè fāngmiàn dōu shì shǔ yī shǔ èr de.
니먼 예 즈다오, 워먼 더 찬핀 짜이 꺼 팡미엔 또우 스 수이수얼 더.

朴容明
这一点我们很清楚，可是我们不得不考虑成本问题。
Zhè yì diǎn wǒmen hěn qīngchu, kěshì wǒmen bù dé bù kǎo lǜ chéngběn wèntí.
저 이디엔 워먼 헌 칭추, 커스 워먼 뿌더뿌 카오뤼 청번 원티.

李经理
这样吧，如果贵公司能增加订货量，我们可以考虑再优惠5%。
Zhè yàng ba, rúguǒ guì gōngsī néng zēngjiā dìnghuòliàng, wǒmen kěyǐ kǎolǜ zài yōuhuì bǎifēn zhī wǔ.
저양 바, 루구워 꿰이 꽁쓰 넝 쩡지아 띵후워리앙, 워먼 커이 카오뤼 짜이 요우훼이 바이 펀 즈 우.

朴容明
我向上级汇报一下，尽快给你答复。
Wǒ xiàng shàngjí huìbào yíxià, jǐnkuài gěi nǐ dáfù.
워 씨앙 상지 훼이빠오 이시아, 진콰이 게이 니 다푸.

李经理
好，希望能有好消息。你说想参观我们的工厂，11点出发怎么样？
Hǎo, xīwàng néng yǒu hǎo xiāoxi. Nǐ shuō xiǎng cānguān wǒmen de gōngchǎng, shíyī diǎn chūfā zěnmeyàng?
하오, 시왕 넝 요우 하오 씨아오시. 니 슈워 시앙 찬관 워먼 더 꽁창, 스이 디엔 추파 쩐머양?

1 화자가 실현되기를 원치 않을 경우 '差点儿…' 과 '差点儿没…' 는 '하마터면, 자칫하면' 의 뜻으로 '모두 실현될 뻔하다가 실현되지 않았다' 는 안도의 뜻을 나타냅니다.

我差点儿以为我是在汉城呢。
Wǒ chàdiǎnr yǐwéi wǒ shì zài Hànchéng ne.
나는 내가 서울에 있는 줄 알았습니다.

我差点儿没赶上飞机。
Wǒ chàdiǎnr méi gǎnshàng fēijī.
나는 하마터면 비행기를 놓칠 뻔 했습니다.

我差点儿死了。
Wǒ chàdiǎnr sǐ le.
나는 죽을 뻔 했습니다.

我差点儿没死了。
Wǒ chàdiǎnr méi sǐ le.
나는 죽을 뻔 했습니다.

2 '以为' 는 '~라고 여기다' 라는 뜻으로 주로 추측한 결과가 사실과 일치하지 않는 경우에 쓰입니다.

我以为你是中国人呢。
Wǒ yǐwéi nǐ shì Zhōngguó rén ne.
나는 당신이 중국인인 줄 알았습니다.

我以为你明天来呢。
Wǒ yǐwéi nǐ míngtiān lái ne.
나는 당신이 내일 오는 줄 알았습니다.

我以为你不会说韩国话呢。
Wǒ yǐwéi nǐ bú huì shuō Hánguó huà ne.
나는 당신이 한국어를 못하는 줄 알았습니다.

3 '宁愿'은 '차라리 ~할지언정'의 뜻으로 주로 '宁愿…不…'
로 쓰여 '~할지언정 ~하지 않겠다'의 의미로 쓰입니다.

我宁愿在地铁里挤也不愿意堵在路上。
Wǒ nìngyuàn zài dìtiě li jǐ yě bú yuànyì dǔ zài lùshang.
나는 지하철 속에서 붐비더라도 길에서 막히고 싶지는 않습니다.

我宁愿走着去也不坐他的车。
Wǒ nìngyuàn zǒuzhe qù yě bú zuò tā de chē.
나는 걸어가더라도 그의 차는 타지 않겠습니다.

我宁愿不工作也不去那儿工作。
Wǒ nìngyuàn bù gōngzuò yě bú qù nàr gōngzuò.
나는 일을 못하더라도 그곳에서 일하지는 않겠습니다.

보충단어

迟到	chídào 츠따오	지각하다
赶上	gǎnshàng 간상	따라잡다, 시간에 대다

你们的价格比其他同类产品的价格高一些。
Nǐmen de jiàgé bǐ qítā tónglèi chǎnpǐn de jiàgé gāo yì xiē.
당신들의 가격은 다른 동류의 상품 가격보다 좀 높습니다.

上海的物价比其他城市高得多。
Shànghǎi de wùjià bǐ qítā chéngshì gāo de duō.
상하이의 물가는 다른 도시보다 많이 높습니다.

中国比韩国大得多。
Zhōngguó bǐ Hánguó dà de duō.
중국은 한국보다 많이 큽니다.

韩国没有中国大。
Hánguó méiyǒu Zhōngguó dà.
한국은 중국보다 크지 않습니다.

보충단어

物价　wùjià 우지아　물가

회화 연습

1 **A** 你开车上班吗？ 당신은 차를 타고 출근합니까?

Nǐ kāichē shàngbān ma?

니 카이처 상빤 마?

B 不，我宁愿在地铁里挤也不愿意开车上班。

Bù, wǒ nìngyuàn zài dìtiě li jǐ yě bú yuànyì kāichē shàngbān.

뿌, 워 닝위엔 짜이 띠티에리 지 예 부위엔이 카이처 상빤.

아니요, 나는 지하철에서 붐비더라도 차를 몰고 출근하고 싶지는 않습니다.

2 **A** 你今天为什么来晚了？ 자네 오늘 왜 이렇게 늦었나?

Nǐ jīntiān wèi shénme lái wǎn le?

니 진티엔 웨이 션머 라이 완 러?

B 我以为今天是星期天呢。 저는 오늘이 일요일인 줄 알았습니다.

Wǒ yǐwéi jīntiān shì xīngqī tiān ne.

워 이웨이 진티엔 스 씽치티엔 너.

3 **A** 你们觉得我们的产品怎么样？

Nǐmen jué de wǒmen de chǎnpǐn zěnmeyàng?

니먼 쥐에더 워먼 더 찬핀 쩐머양?

당신들이 보기에 우리의 상품이 어떻습니까?

B 我觉得你们的产品比其他同类产品好。

Wǒ jué de nǐmen de chǎnpǐn bǐ qítā tónglèi chǎnpǐn hǎo.

워 쥐에더 니먼 더 찬핀 비 치타 통레이 찬핀 하오.

제가 보기에 당신들의 상품은 다른 동류의 상품들보다 좋은 것 같습니다.

기본 표현

1 우리가 제시한 가격에 대해 어떻게 생각하십니까?

我们报的价格贵公司有什么意见？
Wǒmen bào de jiàgé guì gōngsī yǒu shénme yìjiàn?
워먼 빠오 더 찌아거 꿰이 꿍쓰 요우 션머 이지엔?

2 우리의 제품은 각 방면에서 뛰어납니다.

我们的产品在各方面都是数一数二的。
Wǒmen de chǎnpǐn zài gè fāngmiàn dōu shì shǔ yī shǔ èr de.
워먼 더 찬핀 짜이 꺼 팡미엔 또우 스 수이수얼 더.

3 이 점은 우리도 잘 압니다.

这一点我们很清楚。
Zhè yì diǎn wǒmen hěn qīngchǔ.
저 이 디엔 워먼 헌 칭추.

4 최대한 빨리 대답해드리겠습니다.

我尽快给你答复。
Wǒ jǐnkuài gěi nǐ dáfù.
워 진콰이 게이 니 다푸.

5 좋은 소식 있기를 바랍니다.

希望能有好消息。
Xīwàng néng yǒu hǎo xiāoxi.
시왕 넝 요우 하오 씨아오시.

비즈니스 표현 Up

1 우리의 기술은 세계적으로 손꼽힙니다.

我们的技术在世界上是数一数二的。
Wǒmen de jìshù zài shìjièshang shì shǔ yī shǔ èr de.
워먼 더 찌수 짜이 스지에 상 스 수이수얼 더.

2 귀사의 가격은 약간 높은 것 같습니다.

我们觉得贵公司的价格高了点儿。
Wǒmen jué de guì gōngsī de jiàgé gāo le diǎnr.
워먼 쮜에더 꿰이 꿍쓰 더 찌아거 까오 러 디알.

3 귀사의 요구에 동의합니다.

我们同意贵公司的要求。
Wǒmen tóngyì guì gōngsī de yāoqiú.
워먼 통이 꿰이 꿍쓰더 야오치우.

비즈니스 단어 PLUS

무역 관련

海运 hǎiyùn
해운(하다)

报盘 bàopán
오퍼(하다)

信用证
xìnyòngzhèng
신용장

到岸价 dào'ànjià
C&F(운임포함조건)

离岸价 lí'ànjià
FOB(본선인도조건)

保险 bǎoxiǎn
보험

运费 yùnfèi
운송비

空运 kōngyùn
공중 수송하다

回扣 huíkòu
커미션

索赔 suǒpéi
클레임(claim)
(을 요구하다)

事故 shìgù
사고

包装 bāozhuāng
포장(하다)

중국인이 장사를 잘 한다는 것은 누구나 잘 알고 있는 사실이다. 중국인과 비즈니스를 할 때 가장 중요한 것은 무엇일까? 바로 중국문화를 이해하고 중국인을 친구로 여기는 것 아닐까 싶다. 다른 나라 땅을 밟았을 때 눈에 보이는 것이 자기 나라와 다른 것은 당연한 일이다. 따라서 '이 나라 사람들은 참 이상하다', '어떻게 그런 것을 먹을 수 있나' 라고 생각하는 것보다 '이런 것이 바로 이 나라의 문화구나' 라고 생각한다면 보다 빠르게 현지에 적응할 수 있을 것이다.

중국인들이 자신의 속내를 쉽게 드러내지 않는다고 하지만 중국인을 사귈 때 겸손하게 대하고 진심을 보여주면 얼마든지 친구가 될 수 있다. 일단 친구가 되면 평생친구가 되는 것이 또 중국 사람들의 특징이다.

외국어를 공부할 때는 모국어를 잊어야 하는 것처럼 중국에서 성공하려면 중국인이 되어야 한다!

제 10 과

박 과장은 리 부장과 함께 중국 회사의 공장을 견학하면서 생산라인의 설비와 투자에 대해 이야기를 나눈다. 공장 견학이 끝나고 박 과장은 리 과장에게 한국 음식점에서 저녁 식사를 대접하기로 한다.

1. **공장의 규모가 굉장히 크군요.** – 공장에서
2. **오늘은 제가 한국 음식을 대접해드리겠습니다.** – 고속도로에서

你们工厂的规模挺大的。

Nǐmen gōngchǎng de guīmó tǐng dà de.

공장의 규모가 굉장히 크군요.

#1:00 pm

공장에서

박용명	공장의 규모가 굉장히 큽니다. 몇 개의 생산라인이 있습니까?
리 과장	6개의 생산라인이 있습니다. 그 가운데 2개는 새로 개조를 했구요.
박용명	근로자들이 그리 많지 않네요.
리 과장	저희의 생산라인은 모두 자동화 생산이라서 근로자들이 그리 많지 않습니다.
박용명	어쩐지. 지난 몇 년에 비해 공장이 많이 바뀌었습니다.
리 과장	오늘은 우리 공장의 식당밥을 한번 맛보시지요.
박용명	좋습니다.

새단어

规模	guīmó 꿰이모어	규모	改造	gǎizào 가이짜오	개조하다
进行	jìnxíng 찐씽	진행하다	自动化	zìdònghuà 쯔똥화	자동화
生产线	shēngchǎnxiàn 성찬씨엔	생산라인	怪不得	guàibudé 꽈이부더	어쩐지
其中	qízhōng 치종	그 가운데			

在工厂

朴容明
你们工厂的规模挺大的。你们有几条
生产线？
Nǐmen gōngchǎng de guīmó tǐng dà de. Nǐmen yǒu jǐ tiáo shēngchǎnxiàn?
니먼 꽁창 더 꿰이모어 팅 따 더. 니먼 요우 지 티아오 성찬씨엔?

李经理
我们有六条生产线。
Wǒmen yǒu liù tiáo shēngchǎnxiàn.
워먼 요우 리우 티아오 성찬씨엔.

朴容明
工人不太多啊！
Gōngrén bú tài duō a!
꽁런 부 타이 뚜워 아!

李经理
我们的生产线大都是自动化生产，所以
工人不太多。
Wǒmen de shēngchǎnxiàn dàdōu shì zìdònghuà shēngchǎn, suǒyǐ gōngrén bú tài duō.
워먼 더 성찬씨엔 따또우 스 쯔동화 성찬. 쑤워이 꽁런 부 타이 뚜워.

朴容明
怪不得。和几年前比，你们的工厂大不
一样了。
Guài bu dé. Hé jǐ nián qián bǐ, nǐmen de gōngchǎng dà bù yíyàng le.
꽈이부더 . 흐어 지니엔 치엔 비, 니먼 더 꽁창 따 뿌 이양 러.

李经理
今天你尝一下我们工厂食堂的饭吧。
Jīntiān nǐ cháng yíxià wǒmen gōngchǎng shítáng de fàn ba.
진티엔 니 창 이시아 워먼 꽁창 스탕 더 판 바.

朴容明
好啊！
Hǎo a!
하오 아!

02 今晚我请你去吃韩国菜吧。

Jīnwǎn wǒ qǐng nǐ qù chī Hánguó cài ba.

오늘은 제가 한국 음식을 대접해드리겠습니다.

#5:00pm

고속도로에서

박용명	리 과장님, 오늘 정말 고생하셨습니다.
리 과장	별 말씀을요, 6시면 베이징에 돌아갈 수 있을 겁니다. 저녁에 무슨 일정이라도 있으십니까?
박용명	한국을 떠난 지 며칠 되었더니, 한국음식이 먹고 싶어집니다. 오늘 저녁은 제가 한국음식으로 대접해드리겠습니다.
리 과장	그렇다면 사양하지 않겠습니다.
박용명	한국음식은 입에 잘 맞으십니까?
리 과장	이 사람의 가장 큰 장점이라면 바로 음식을 가리지 않는 것이지요. 무엇이든 문제없습니다.
박용명	하하. 그렇습니까? 정말 부럽습니다.

새단어

安排	ānpái 안파이	안배하다
想念	xiǎngniàn 시앙니엔	그리워하다
吃得惯	chī de guàn 츠더꾸안	먹는 데 익숙해지다

优点	yōudiǎn 요우디엔	장점
挑食	tiāoshí 티아오스	편식하다
羡慕	xiànmù 씨엔무	부러워하다

高速公路上

朴容明

李经理，你今天辛苦了。
Lǐ jīnglǐ, nǐ jīntiān xīnkǔ le.
리 징리, 니 진티엔 씬쿠 러.

李经理

哪里哪里，我们大概6点能回到北京，晚上有什么安排吗？
Nǎli nǎli, wǒmen dàgài liù diǎn néng huídào Běijīng, wǎnshang yǒu shénme ānpái ma?
나리 나리, 워먼 따까이 리우 디엔 넝 훼이 따오 베이징, 완상 요우 션머 안파이 마?

朴容明

离开韩国几天了，有点儿想念韩国菜了。今晚我请你去吃韩国菜吧。
Líkāi Hánguó jǐ tiān le, yǒudiǎnr xiǎngniàn Hánguó cài le. Jīnwǎn wǒ qǐng nǐ qù chī Hánguó cài ba.
리카이 한구워 지 티엔 러. 요우 디알 시앙니엔 한구워 차이 러. 찐완 워 칭 니 취 츠 한구워 차이 바.

李经理

那我就不客气了。
Nà wǒ jiù bú kèqi le.
나 워 찌우 부 커치 러.

朴容明

你吃得惯韩国菜吗？
Nǐ chī de guàn Hánguó cài ma?
니 츠 더 꾸안 한구워 차이 마?

李经理

我这个人最大的优点就是不挑食，吃什么都没问题。
Wǒ zhè ge rén zuì dà de yōudiǎn jiùshì bù tiāoshí, chī shénme dōu méi wèntí.
워 저거 런 쭈웨이 따 더 요우디엔 찌우스 뿌 티아오스, 츠 션머 또우 메이원티.

朴容明

哈哈，是吗？真羡慕你。
Hāhā, shì ma? Zhēn xiànmù nǐ.
하하, 스 마? 전 씨엔무 니.

1 '挺'은 부사로서 '매우, 아주'라는 의미로 쓰이며 보통 '挺…的'의 형태로 쓰입니다.

你们工厂的规模挺大的。
Nǐmen gōngchǎng de guīmó tǐng dà de.
공장의 규모가 굉장히 큽니다.

这几天北京挺热的。
Zhè jǐ tiān Běijīng tǐng rè de.
요 며칠 동안 베이징은 매우 더웠습니다.

你的中文说得挺好的。
Nǐ de Zhōngwén shuō de tǐng hǎo de.
당신은 중국어를 정말 잘하는군요.

2 '和…比'는 '~와 비교해서'로 비교문으로 쓰입니다.

和几年前比，你们的工厂大不一样了。
Hé jǐ nián qián bǐ, nǐmen de gōngchǎng dà bù yíyàng le.
몇 년 전과 비교해 당신들 공장은 매우 달라졌습니다.

和去年比，你的汉语进步多了。
Hé qùnián bǐ, nǐ de Hànyǔ jìnbù duō le.
작년과 비교해 당신의 중국어는 많이 좋아졌습니다.

和几年前比，北京的物价高多了。
Hé jǐ nián qián bǐ, Běijīng de wùjià gāo duō le.
몇 년 전과 비교해 베이징의 물가가 많이 올랐습니다.

你吃得惯韩国菜吗?
Nǐ chī de guàn Hánguó cài ma?
한국음식에 익숙해졌습니까?

很多韩国人吃不惯香菜。
Hěn duō Hánguó rén chī bu guàn xiāngcài.
많은 한국사람들이 상차이를 먹는 데 익숙하지 않습니다.

你在中国住得惯吗?
Nǐ zài Zhōngguó zhù de guàn ma?
중국에서 살 만합니까?

我听不惯这种音乐。
Wǒ tīng bu guàn zhè zhǒng yīnyuè.
나는 이런 음악에 익숙하지 않습니다.

기본 표현

1 공장의 규모가 참 크군요.

你们工厂的规模挺大的。
Nǐmen gōngchǎng de guīmó tǐng dà de.
니먼 꽁창 더 꿰이모어 팅 따 더.

2 생산라인이 몇 개 있습니까?

你们有几条生产线？
Nǐmen yǒu jǐ tiáo shēngchǎnxiàn?
니먼 요우 지 티아오 셩찬씨엔?

3 몇 년 전에 비해 공장이 많이 달라졌습니다.

和几年前比，你们的工厂大不一样了。
Hé jǐ nián qián bǐ, nǐmen de gōngchǎng dà bù yíyàng le.
흐어 지 니엔 치엔 비, 니먼 더 꽁창 따 부 이양 러.

비즈니스 표현 Up

1 귀사와 합작하게 돼서 매우 기쁩니다.

很高兴能和贵公司合作。
Hěn gāoxìng néng hé guì gōngsī hézuò.
헌 까오씽 넝 흐어 꿰이 꽁쓰 흐어쭤.

2 반드시 예정대로 오더를 완성하겠습니다.

我们保证按期完成订单。
Wǒmen bǎozhèng ànqī wánchéng dìngdān.
워먼 바오쩡 안치 완청 띵딴.

3 우리의 제품합격률은 95%입니다.

我们的产品合格率达到95%。
Wǒmen de chǎnpǐn hégélǜ dádào bǎifēn zhī jiǔshí wǔ.
워먼 더 찬핀 흐어거뤼 다따오 바이펀즈 지우스 우.

비즈니스 단어 PLUS

회사에서

厂长 chǎngzhǎng
공장장

加班 jiābān
연장근무하다

加班费 jiābānfèi
연장근무수당

样品 yàngpǐn
샘플

次品 cìpǐn
불량품

质量标准
zhìliàng biāozhǔn
품질표준

达标率 dábiāolǜ
합격률

合格 hégé
합격하다

解雇 jiěgù
해고하다

高科技 gāokējì
고과학기술

福利 fúlì
복지

有薪假期
yǒuxīn jiàqī
휴가

雇佣 gùyòng
고용하다

中国制造 Zhōngguó zhìzào
Made in China

중국 비즈니스 PLUS | 중국에 진출한 한국 회사

중국에 진출한 한국 회사가 겪는 어려움들 중 하나가 직원들의 이직이다. 중국인들은 왜 그렇게 쉽게 일을 그만둘까?

중국에 진출한 외국 기업들 가운데 한국기업은 비교적 임금이 적은 편이다. 하지만 한국기업에서 일을 잘 배워두면 다른 기업으로 옮기기가 쉽다고 한다. 그래서 '한국회사가 학교'라는 말도 있다.

한국 기업은 대부분 상하 관계가 엄격하다. 그래서 중국인 직원과 함께 일할 때 따끔하게 야단을 치게 되면 다음 날 그 직원의 얼굴이 보이지 않는 경우도 종종 있다. 이는 아직도 체면은 생명보다 더 중요하다고 생각하는 중국인이 적지 않기 때문이다. 중국에서 성공적으로 기업을 이루려면 중국인 직원들을 훈련시킬 수 있는 알맞는 대처법이 필요하다.

제 11 과

한국 식당에서 식사를 맛있게 한 후, 가라오케에 간 박 과장
과 리 과장은 노래를 부르고 술을 마시며 이야기를 나눈다.

1. **더 필요한 것 있으세요?** – 한국 음식점에서
2. **〈月亮代表我的心〉을 부르고 싶으신 거죠?** – 가라오케에서

还要别的吗?

Hái yào bié de ma?

더 필요한 것 있으세요?

#6:30pm

한국 음식점에서

박용명　아가씨, 여기 식당은 한국인이 연 것입니까, 중국인이 연 것입니까?

종업원　저희 사장님은 한국인입니다.

박용명　그럼 음식 맛은 당연이 제대로겠죠?

종업원　저희 음식점은 순수한 한국 음식집입니다.

박용명　좋습니다. 그럼 먼저 소갈비 2인분하고, 진로 있습니까?

종업원　있습니다. 몇 병 드릴까요?

박용명　먼저 한 병만 주세요.

종업원　다른 것은요?

박용명　우선은 그렇게만 주세요.

새단어

开	kāi	카이	운영하다
老板	lǎobǎn		사장
地道	dìdao	띠따오	순수하다, 진짜의
烤牛排	kǎoniúpái	카오니우 파이	소갈비

고유명사

| 真露 | Zhēnlù | 전루 | 진로소주 |

才韩国餐馆

朴容明	**小姐，你们饭店是韩国人开的还是中国人开的？** Xiǎojie, nǐmen fàndiàn shì Hánguó rén kāi de háishi Zhōngguó rén kāi de? 샤오지에, 니먼 판띠엔 스 한구워 런 카이 더 하이스 중구워 런 카이 더?
服务员	**我们老板是韩国人。** Wǒmen lǎobǎn shì Hánguó rén. 워먼 라오반 스 한구워 런.
朴容明	**那菜的味道应该很正宗了？** Nà cài de wèidao yīnggāi hěn zhèngzōng le? 나 차이 더 웨이따오 잉가이 헌 정종 러?
服务员	**我们这儿是地道的韩国菜。** Wǒmen zhèr shì dìdao de Hánguó cài. 워먼 저얼 스 띠따오 더 한구워 차이.
朴容明	**好，先给我们两份烤牛排。有真露吗？** Hǎo, xiān gěi wǒmen liǎng fèn kǎoníupái. Yǒu Zhēnlù ma? 하오, 씨엔 게이 워먼 리양펀 카오니우파이. 요우 전루 마?
服务员	**有，您要几瓶？** Yǒu, nín yào jǐ píng? 요우, 닌 야요 지 핑?
朴容明	**先来一瓶吧。** Xiān lái yì píng ba. 씨엔 라이 이핑 바.
服务员	**还要别的吗？** Hái yào bié de ma? 하이 야오 비에더 마?
朴容明	**先这样吧。** Xiān zhè yàng ba. 씨엔 저양 바.

你想唱《月亮代表我的心》吗?

Nǐ xiǎng chàng 《Yuèliang dàibiǎo wǒ de xīn》 ma?

〈월량대표아적심〉을 부르고 싶으신 거죠?

#8:30pm

가라오케에서

리 과장	박 과장님, 이 집에는 한국노래가 굉장히 많습니다.
박용명	중국에 오기 전에 중국 노래를 몇 곡 배웠습니다. 오늘 한번 해보겠습니다.
리 과장	〈月亮代表我的心〉을 부르고 싶으신 거죠?
박용명	어떻게 아셨습니까?
리 과장	한국 손님들이 이 노래를 무척 좋아하시더라구요.
박용명	제가 배운 첫번째 중국 노래가 이 노래였습니다.
리 과장	우리 술 마시면서 노래 부릅시다.
박용명	좋습니다, 안 그래도 한잔하고 싶었습니다.

새단어

卡拉OK	kǎlāOK 카라오케이 (일본식)	노래방, 카라오케
歌	gē 꺼	노래
试	shì 스	해보다
压力	yālì 야리	스트레스
放松	fàngsōng 팡쏭	느슨하게 하다, 풀어주다
认真	rènzhēn 런전	진지하다
现代人	xiàndàirén 씨엔따이런	현대인
生活	shēnghuó 성후워	생활
方式	fāngshì 팡스	방식
一边…一边…	yìbiān… yìbiān… 이 비엔~ 이 비엔~	~하면서 ~하다

在卡拉OK

李经理	**朴科长，这家卡拉OK有很多韩国歌。** Piáo kēzhǎng, zhè jiā kǎlāOK yǒu hěn duō Hánguó gē. 피아오 커장, 저 지아 카라오케이 요우 헌 뚜워 한구워 꺼.
朴容明	**我来中国前学了几首中国歌，今天要试一试。** Wǒ lái Zhōngguó qián xué le jǐ shǒu Zhōngguó gē, jīntiān yào shì yi shì. 워 라이 중구워 치엔 쉬에 러 지 셔우 중구워 꺼, 진티엔 야오 스이스.
李经理	**你想唱《月亮代表我的心》吗？** Nǐ xiǎng chàng 《Yuèliang dàibiǎo wǒ de xīn》ma? 니 시앙 창 〈위에리앙 따이비아오 워더 신〉 마?
朴容明	**你怎么知道的？** Nǐ zěnme zhīdao de? 니 쩐머 즈다오 더?
李经理	**韩国客人都很喜欢这首歌。** Hánguó kèren dōu hěn xǐhuan zhè shǒu gē. 한구워 커런 또우 헌 씨후안 저 셔우 꺼.
朴容明	**我学的第一首中文歌就是这个。** Wǒ xué de dì yī shǒu Zhōngwén gē jiùshì zhè ge. 워 쉬에 더 띠이 셔우 중원 꺼 찌우 스 저거.
李经理	**咱们一边喝酒一边玩儿吧。** Zánmen yì biān hē jiǔ yì biān wánr ba. 잔먼 이비엔 흐어 지우 이비엔 왈 바.
朴容明	**好啊，我正想喝一杯呢。** Hǎo a, wǒ zhèng xiǎng hē yì bēi ne. 하오 아, 워 정시앙 흐어 이 뻬이 너.

1 '还是'는 의문문에서 '또는, 아니면, 혹은'이라는 의미로 쓰여 선택을 나타냅니다.

你去北京还是上海？
Nǐ qù Běijīng háishi Shànghǎi?
당신은 베이징에 갑니까, 상하이에 갑니까?

你喜欢喝啤酒还是洋酒？
Nǐ xǐhuan hē píjiǔ háishi yángjiǔ?
당신은 맥주를 좋아합니까, 양주를 좋아합니까?

你明天在家休息还是去打高尔夫球？
Nǐ míngtiān zài jiā xiūxi háishi qù dǎ gāo'ěrfūqiú?
당신은 내일 집에서 쉽니까, 골프를 치러 갑니까?

보충단어

洋酒 yángjiǔ 양지우	양주
高尔夫球 gāo'ěrfūqiú 까오얼푸 치우	골프

2 '一边…一边…'는 '(한편으로) ~하면서 (또 한편으로) ~하다' 라는 의미로 두 가지 이상의 동작이 동시에 진행됨을 나타냅니다.

咱们一边喝酒一边玩儿吧。
Zánmen yì biān hē jiǔ yì biān wánr ba.
우리는 술을 마시면서 놉시다.

我喜欢一边看电视一边吃饭。
Wǒ xǐhuan yì biān kàn diànshì yì biān chīfàn.
나는 텔레비전 보면서 밥 먹는 것을 좋아합니다.

他们一边唱歌一边跳舞。
Tāmen yì biān chànggē yì biān tiàowǔ.
그들은 노래하면서 춤을 춥니다.

我喜欢一边开车一边听歌。
Wǒ xǐhuan yì biān kāichē yì biān tīnggē.
나는 운전하면서 노래 듣는 것을 좋아합니다.

보충단어

跳舞 tiàowǔ 티아오우　　　춤을 추다

기본 표현

1 더 필요한게 있으십니까?

还要别的吗?
Hái yào bié de ma?
하이 야오 비에 더 마?

2 우선은 이렇게만 주세요.

先这样吧。
Xiān zhè yàng ba.
씨엔 저양 바.

3 우리 술을 마시면서 놉시다.

咱们一边喝酒一边玩儿吧。
Zánmen yì biān hē jiǔ yì biān wánr ba.
잔먼 이비엔 흐어 지우 이비엔 왈 바.

비즈니스 표현 Up

1 배고파 죽겠어요.

我要饿死了。
Wǒ yào è sǐ le.
워 야오 으어스 러.

2 빨리 되는 걸로 주세요.

什么快上什么。
Shénme kuài shàng shénme.
션머 콰이 상 션머.

3 오늘은 제가 사겠습니다.

今天我做东。
Jīn tiān wǒ zuò dōng.
진티엔 워 쭈워 똥.

4 이 요리 맛이 좀 이상해요.

这个菜的味道有点儿怪。
Zhè ge cài de wèidao yǒu diǎnr guài.
저거 차이 더 웨이따오 요우디알 꽈이.

비즈니스 단어 PLUS

여러 가지 야채와 기타

白菜 báicài
배추

萝卜 luóbo
무우

蒜 suàn
마늘

生姜 shēngjiāng
생강

芝麻 zhīma
참깨

麻油 máyóu
참기름

梨 lí
배

果酒 guǒjiǔ
과일주

果汁 guǒzhī
과일쥬스

水果盘 shuǐguǒpán
모든 과일

葡萄酒 pútaojiǔ
포도주

下酒菜 xiàjiǔcài
안주

중국 비즈니스 PLUS | '만만디' 중국인

중국인들이 1년에 쉬는 날은 얼마나 될까? 1995년 주5일 근무제가 중국에서 실행된 후 중국인이 1년에 쉴 수 있는 공휴일은 114일이다. 그 중에 춘절(음력 1월 1일), 노동절(5월 1일), 국경절(10월 1일)에 1주일 정도 연휴할 수 있다. 이때는 여행이 성수기이다. 그러므로 중국으로 여행을 가려 한다면 이때는 피하는 것이 좋다.

쉬는 날이 너무 많아서 중국인의 성격이 만만디(천천히) 되었을까? 중국을 이야기하면 먼저 떠오르는 것이 아마도 '만만디' 일 것이다. 이것은 중국에 진출해 있는 한국계 기업들의 골칫거리이기도 하다. 중국사람은 일을 할 때도 천천히 하는 편이다. 급하게 행동하지 않고 잘 생각하고 행동한다고 생각한다면 그들에 대한 답답한 심정이 조금이나마 풀리지 않을까 싶다.

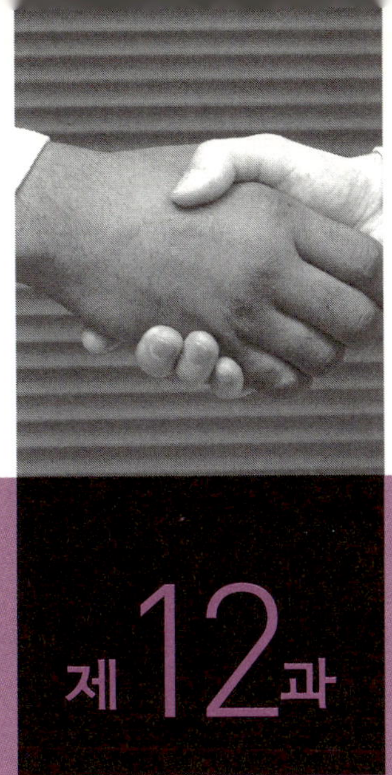

제 12 과

식사를 마치고 호텔로 돌아온 박 과장은 다음날 만리장성 관광을 가기 위해 알아두었던 택시기사에게 전화를 걸어 택시 대절 약속을 잡는다. 하루 일과를 마친 박 과장은 피곤함을 풀기 위해 근처의 안마시술소를 찾아 발마시지를 받는다.

1. **내일 차를 대절해서 만리장성에 갈 생각입니다.** – 호텔 방에서
2. **먼저 발마사지부터 했으면 합니다.** – 안마시술소에서

01 我明天想包车去长城。

Wǒ míngtiān xiǎng bāochē qù Chángchéng.

내일 차를 대절해서 만리장성에 갈 생각입니다.

#9:30 pm

호텔 방에서

박용명 안녕하세요, 리우 선생님, 절 아직도 기억하시나요? 한국에서 온 박용명입니다.

리우 기사 아, 안녕하세요! 당연히 기억하죠, 제가 무슨 할 일이라도?

박용명 예, 제가 내일 차를 대절해서 만리장성에 갈 생각인데 내일 시간이 있으신가요?

리우 기사 내일은 제가 특별한 일정이 없습니다만, 몇 시에 출발하실 건가요?

박용명 9시 전에 호텔에서 출발하고 싶습니다, 대절하는 데 얼마입니까?

리우 기사 오후 5시 전까지는 500위엔입니다.

박용명 이렇게 합시다, 가는 김에 아예 가이드까지 해주시죠, 그리고 3시쯤에 시내로 돌아옵시다.

리우 기사 좋습니다. 내일 9시에 호텔 입구에서 기다리겠습니다.

새단어

记得 jìde 찌더	기억하다	
特別 tèbié 터비에	특별하다	
得 děi 데이	걸리다, ~해야 한다	
导游 dǎoyóu 다오요우	가이드	
行 xíng 씽	좋다, 괜찮다	

在酒店房间

朴容明
你好，刘先生，你还记得我吗？我是从韩国来的朴容明。
Nǐ hǎo, Liú xiānsheng, nǐ hái jì de wǒ ma? Wǒ shì cóng Hánguó lái de Piáo Róngmíng.
니 하오, 리우 씨엔셩, 니 하이 찌 더 워 마? 워 스 총 한구워 라이 더 피아오 롱밍.

刘司机
啊，您好！当然记得，需要我做什么事儿吗？
Ā, nín hǎo! Dāngrán jì de, xūyào wǒ zuò shénme shì ma?
아, 닌 하오! 땅란 찌 더, 쉬야오 워 쭈워 션머 서얼 마?

朴容明
我明天想包车去长城，你明天有时间吗？
Wǒ míngtiān xiǎng bāochē qù Chángchéng, nǐ míngtiān yǒu shíjiān ma?
워 밍티엔 시앙 빠오처 취 창청? 니 밍티엔 요우 스지엔 마?

刘司机
明天我没有什么特别的安排。您想几点出发？
Míngtiān wǒ méiyǒu shénme tèbié de ānpái. Nín xiǎng jǐ diǎn chūfā?
밍티엔 워 메이 요우 션머 터비에 더 안파이. 닌 시앙 지 디엔 추파?

朴容明
我想9点从酒店出发，包车得多少钱？
Wǒ xiǎng jiǔ diǎn cóng jiǔdiàn chūfā, bāochē děi duōshao qián?
워 시앙 지우 디엔 총 지우띠엔 추파, 빠오처 데이 뚸워샤오 치엔?

刘司机
下午5点以前500块。
Xiàwǔ wǔ diǎn yǐqián wǔ bǎi kuài.
씨아우 우 디엔 이치엔 우 바이 콰이.

朴容明
这样吧，你顺便做下导游，咱们下午3点左右回到市区。
Zhèyàng ba, nǐ shùnbiàn zuò xià dǎoyóu, zánmen xiàwǔ sān diǎn zuǒyòu huídào shìqū.
저양 바, 니 슌삐엔 쭈워 시아 다오요우, 잔먼 씨아우 싼 디엔 주워요우 훼이따오 스취.

刘司机
行。明天9点我在酒店门口等您。
Xíng. Míngtiān jiǔ diǎn wǒ zài jiǔdiàn ménkǒu děng nín.
씽. 밍티엔 지우 디엔 워 짜이 지우띠엔 먼코우 덩 닌.

我想先做一个足部按摩。

Wǒ xiǎng xiān zuò yí ge zúbù ànmó.

먼저 발마사지부터 했으면 합니다.

#10:00pm

안마시술소에서

종업원	어서 오세요! 무엇을 해드릴까요?
박용명	먼저 발마사지부터 하고, 다음에 전신마사지를 부탁합니다.
종업원	이리 오세요. 먼저 좀 쉬고 계세요, 무슨 차를 드시겠습니까?
박용명	용정차로 주세요.
종업원	선생님, 이렇게 안마하면 괜찮겠습니까? 힘이 적당한가요?
박용명	조금 더 세도 괜찮습니다, 며칠 동안 아주 피곤했거든요.
종업원	예 알겠습니다.

새단어

光临	guānglín	꾸앙린	왕림(하다)
服务	fúwù	푸우	서비스
足部按摩	zúbù ànmó	주뿌 안모어	발 맛사지
全身	quánshēn	취엔선	전신
保健	bǎojiàn	바오지엔	보건(하다)
够	gòu	꼬우	충분하다, 족하다
劲儿	jìnr	찌얼	힘
付	fù	푸	지불하다

고유명사

龙井	Lóngjǐng	롱징	용정차

在足底按摩中心

服务员
欢迎光临！您需要什么服务？
Huānyíng guānglín! Nín xūyào shénme fúwù?
후안잉 꾸앙린! 닌 쉬야오 션머 푸우?

朴容明
我想先做一个足部按摩，然后再做一个全身保健按摩。
Wǒ xiǎng xiān zuò yí ge zúbù ànmó, ránhòu zài zuò yí ge quánshēn bǎojiàn ànmó.
워 시앙 씨엔 쭈워 이거 주뿌 안모어, 란호우 짜이 쭈워 이거 취엔션 바오지엔 안모어.

服务员
请这边来。请先休息一下，您想来点儿什么茶？
Qǐng zhè biān lái. Qǐng xiān xiūxi yíxià, nín xiǎng lái diǎnr shénme chá?
칭 저비엔 라이. 칭 씨엔 씨우시 이시아, 닌 시앙 라이 디알 션머 차?

朴容明
给我一杯龙井吧。
Gěi wǒ yì bēi Lóngjǐng ba.
게이 워 이뻬이 롱징 바.

服务员
先生，这样按可以吗？够不够劲儿？
Xiānsheng, zhèyàng àn kěyǐ ma? Gòu bu gòu jìnr?
씨엔셩, 저양 안 커이 마? 꼬우 부 꼬우 찌얼?

朴容明
再大点儿劲儿也可以，这两天太累了。
Zài dàdiǎnr jìnr yě kěyǐ, zhè liǎngtiān tài lèi le.
짜이 따 디알 찌얼 예 커이, 저 리앙티엔 타이 레이 러.

服务员
好的。
Hǎo de.
하오 더.

1 '得' 는 시간 · 금전 등이 '걸리다, 필요하다' 의 뜻으로 쓰
입니다.

包车**得**多少钱？
Bāo chē děi duōshao qián?
차를 대절하는 것은 얼마입니까?

从汉城坐飞机到北京**得**多长时间？
Cóng Hànchéng zuò fēijī dào Běijīng děi duōcháng shíjiān?
서울에서 비행기를 타고 베이징까지 얼마나 걸립니까?

写完这份报告**得**4个小时。
Xiěwán zhè fèn bàogào děi sì ge xiǎoshí.
이 보고서를 다 쓰는 데 4시간이 걸렸습니다.

2 '先…再…' 는 '먼저~ 하고 다시 ~하다' 라는 의미로 일의
순서를 나타냅니다.

我想**先**回房间休息一下，然后**再**去拜访客户。
Wǒ xiǎng xiān huí fángjiān xiūxi yíxià, ránhòu zài qù bàifǎng kèhù.
나는 먼저 방에 돌아가 좀 쉰 다음에 다시 고객을 방문하러 가고 싶습니다.

请**先**看看样品，然后**再**决定。
Qǐng xiān kànkan yàngpǐn, ránhòu zài juédìng.
먼저 샘플을 보고 나서 다시 결정하겠습니다.

这次出差我**先**去北京**再**去上海。
Zhè cì chūchāi wǒ xiān qù Běijīng zài qù Shànghǎi.
이번 출장에 나는 먼저 베이징에 간 다음 상하이에 가려고 합니다.

보충단어

报告 bàogào 빠오까오	보고서	拜访 bàifǎng 빠이팡	방문하다
样品 yàngpǐn 양핀	샘플	决定 juédìng 쥐에띵	결정하다

회화 연습

1 A **欢迎光临！您需要什么服务？**　어서오세요!
Huānyíng guānglín! Nín xūyào shénme fúwù?　어떤 서비스를 원하십니까?
후안잉 꾸앙린! 닌 쉬야오 션머 푸우?

　　B **我想先做一个足部按摩，然后再做一个全身按摩。**
Wǒ xiǎng xiān zuò yí ge zúbù ànmó, ránhòu zài zuò yí ge quánshēn ànmó.
워 시앙 씨엔 쭈워 이거 주뿌 안모어, 란호우 짜이 쭈워 이거 취엔션 안모어.

먼저 발마사지를 해주시구요, 다음에 전신마사지를 해주세요.

2 A **您想来点儿什么茶？**　어떤 차를 드시겠습니까?
Nín xiǎng lái diǎnr shénme chá?
닌 시앙 라이 디알 션머 차?

　　B **给我一杯龙井吧。**　용정차로 주세요.
Gěi wǒ yì bēi Lóngjǐng ba.
게이 워 이뻬이 롱징 바.

3 A **这样按可以吗？**　이렇게 안마하면 되겠습니까?
Zhèyàng àn kěyǐ ma?
저양 안 커이 마?

　　B **可以了。／ 再大点儿劲儿也没问题。**좋습니다.
Kěyǐ le. / Zài dà diǎnr jìnr yě méi wèntí.　　／ 조금 더 세어도 괜찮습니다.
커이 러. / 짜이 따 디알 찌얼 예 메이 원티.

기본 표현

1 아직도 절 기억하십니까?

你还记得我吗?
Nǐ hái jì de wǒ ma?
니 하이 찌 더 워 마?

2 나는 한국에서 온 박용명입니다.

我是从韩国来的朴容明。
Wǒ shì cóng Hánguó lái de Piáo Róngmíng.
워 스 총 한구워 라이 더 피아오 룽밍.

3 차를 하루 쓰면 얼마입니까?

包车得多少钱?
Bāochē děi duōshao qián?
빠오처 데이 뚸워샤오 치엔?

4 어서 오세요!

欢迎光临!
Huānyíng guānglín!
후안잉 꾸앙린!

비즈니스 표현 Up

1 여기에서 가장 가볼 만한 곳이 어디입니까?

这儿最值得一去的地方是哪儿?
Zhèr zuì zhí dé yí qù de dìfang shì nǎr?
저얼 쭈웨이 즈 더 이취 더 띠팡 스 나알?

2 어깨가 좀 결려요.

我的肩膀很酸。
Wǒ de jiānbǎng hěn suān.
워더 찌엔방 헌 쑤안.

3 좀 살살해줘요.

轻点儿。
Qīng diǎnr.
칭 디알.

비즈니스 단어 PLUS

관광할 때

故宫 Gùgōng
자금성

单程 dānchéng
편도

往返 wǎngfǎn
왕복

的士 díshì
택시

飞机 fēijī
비행기

打的 dǎdī
택시를 타다

过桥费 guòqiáofèi
다리통행료

天安门 Tiān'ānmén
천안문

收费站 shōufèizhàn
톨게이트

颐和园 Yíhéyuán
이화원

北京饭店
Běijīng Fàndiàn
베이징호텔

天坛 Tiāntán
천단

중국 비즈니스 PLUS | 중국의 차(茶)

중국의 차는 그 종류가 많은데 주로 다음과 같은 것들이 있다.

1. 녹차(綠茶) : 　녹차는 발효를 거치지 않는다. 중국 녹차의 질은 줄곧 세계 제일이다. 그 중 서호(西湖)의 롱징차(龙井茶)와 강소(江苏)의 삐루춘(碧螺春)이 가장 유명하다.

2. 홍차(红茶) : 　충분히 발효시켜 만든다. 그 중 가장 이름 있는 것은 치먼홍차(祁门红茶)이다.

3. 우롱차(乌龙茶) : 　충분한 발효를 거치지 않은 차로 반발효차라고도 한다. 그 중 가장 유명한 것은 푸젠(福建)의 우이옌차(武夷岩茶)이다.

4. 화차(花茶) : 　홍차, 녹차, 우롱차의 원료를 사용하고 그 중 향꽃을 구워 만든 것이다. 그 중 북건의 모리화차(茉莉花茶)가 최고로 꼽힌다.

중국은 지역이 넓고 남북의 습관이 다르다. 남방 사람은 녹차, 홍차를 즐겨 마시고 북방 사람들은 화차를 매우 좋아한다. 중국인들은 차를 마시는 방법도 특별하여 독특한 '다도' 가 있다. 이것은 후에 일본으로 전해지고 세계 여러 곳으로 널리 퍼지게 되었다. 중국의 광동(广东) 조주(潮州) 등지의 꽁푸차(功夫茶)도 매우 특색 있다.

제 13 과

만리장성을 둘러본 박 과장은 귀국하기 전에 선물을 살 생각으로 왕푸징으로 향한다. 왕푸징에서 중국 전통복장을 사기로 마음먹은 박 과장은 상점 주인과 흥정을 시작한다.

1. **만리장성에 가보지 않으면 사내대장부가 아니다.** – 만리장성에서
2. **싼 게 비지떡이다.** – 왕푸징에서

不到长城非好汉。

Bú dào Chángchéng fēi hǎohàn.

만리장성에 가보지 않으면 사내대장부가 아니다.

#10:30am

만리장성에서

리우 기사	박 선생님, 케이블카를 타고 올라가시겠습니까, 아니면 직접 올라가시겠습니까?
박용명	먼저 케이블카를 타고 올라가서, 걸어 내려오는 게 어떻겠습니까?
리우 기사	좋습니다.
박용명	'만리장성에 가보지 않으면 사내대장부가 아니다' 라더니, 전 드디어 대장부가 되었습니다.
리우 기사	사실 많은 베이징 사람들도 만리장성에 와보지 않은걸요.
박용명	그거야 이상한 일이 아니죠. 전 서울에서 나고 자랐지만 여지껏 서울의 남산타워에 가보지 않았으니까요.
리우 기사	오후에 무슨 일정이라도 있으십니까?
박용명	내일이 귀국하는 날이라, 선물을 좀 사러갈까 합니다.
리우 기사	그럼 제가 왕푸징으로 모셔다 드리겠습니다.

새단어

缆车	lǎnchē 란처	케이블카
趟	tàng 탕	차례, 번
好汉	hǎohàn 하오한	사내 대장부
终于	zhōngyú 종위	마침내, 결국
其实	qíshí 치스	사실은, 실제는
奇怪	qíguài 치꽈이	괴상하다, 이상히 여기다
土生土长	tǔshēng tǔzhǎng 투성투장	현지에서 나고 자라다
回国	huíguó 훼이구워	귀국하다
礼物	lǐwù 리우	선물

고유명사

南山塔	Nánshāntǎ 난산타	남산타워
王府井	Wángfǔjǐng 왕푸징	왕푸징 (베이징의 지명)

"不到长城非好汉"-毛泽东

"Bú dào Chángchéng fēi hǎohàn".-Máo Zédōng

부 따오 창청 페이 하오한 ―마오저똥

장성에 오르지 않으면 진정한 사나이가 아니다. ―모택동

在长城

刘司机
朴先生，你想坐缆车上去还是自己爬上去？
Piáo xiānsheng, nǐ xiǎng zuò lǎnchē shàngqu háishi zìjǐ pá shàngqu?
피아오 씨엔셩, 니 시앙 쭈워 란처 상취 하이스 쯔지 파 상취?

朴容明
我们坐缆车上去然后走下来怎么样？
Wǒmen zuò lǎnchē shàngqu ránhòu zǒu xiàlai zěnmeyàng?
워먼 쭈워 란처 상취 란호우 조우 시아라이 쩐머양?

刘司机
好。
Hǎo.
하오.

朴容明
"不到长城非好汉"，我终于是好汉了。
"Bú dào Chángchéng fēi hǎohàn", wǒ zhōngyú shì hǎohàn le.
부 따오 창청 페이 하오한, 워 쫑위 스 하오한 러.

刘司机
其实很多北京人也还没来过长城呢。
Qíshí hěn duō Běijīng rén yě hái méi láiguo Chángchéng ne.
치스 헌 뚜워 베이징 런 예 하이 메이 라이 구워 창청 너.

朴容明
这不奇怪。我在汉城土生土长，到现在还没去过汉城的南山塔呢。
Zhè bù qíguài. Wǒ zài Hànchéng tǔshēng tǔzhǎng, dào xiànzài hái méi qùguo Hànchéng de Nánshāntǎ ne.
저 뿌 치꽈이. 워 짜이 한청 투셩투장, 따오 씨엔짜이 하이 메이 취구워 한청 더 난산타 너.

刘司机
下午你有什么安排？
Xiàwǔ nǐ yǒu shénme ānpái?
씨아우 니 요우 션머 안파이?

朴容明
明天就要回国了，下午想去买点儿礼物。
Míngtiān jiù yào huíguó le, xiàwǔ xiǎng qù mǎi diǎnr lǐwù.
밍티엔 찌우야오 훼이구워 러, 씨아우 시앙 취 마이 디알 리우.

刘司机
那我送你去王府井吧。
Nà wǒ sòng nǐ qù Wángfǔjǐng ba.
나 워 쏭 니 취 왕푸징 바.

一分钱一分货。 싼 게 비지떡이다.

Yì fēn qián yì fēn huò.

#3:30pm

왕푸징에서

박용명	사장님, 이 전통옷은 얼마에 팝니까?
사장	선생님은 안목이 좋으십니다! 이 전통옷은 최신 디자인입니다. 400위엔만 주세요.
박용명	제가 다른 곳에서도 봤는데, 거기에선 250위엔만 달라던데요.
사장	싼 게 비지떡이죠, 우리 옷은 품질이나 세공이 일류입니다.
박용명	400위엔이라면 차라리 백화점에 가서 사겠습니다.
사장	정말 말씀도 잘하십니다. 10% 할인해드리겠습니다.
박용명	30% 할인해 주시면 아동복도 한 벌 더 사겠습니다.
사장	좋습니다, 좋아요.

새단어

唐装	tángzhuāng 탕주앙	중국 전통 남자 의상	
眼光	yǎnguāng 옌광	안목	
样式	yàngshì 양스	양식, 모양, 디자인	
质地	zhìdì 즈띠	속성, 재질	
手工	shǒugōng 셔우꽁	수공	
一流	yīliú 이리우	일류	

不如	bùrú 뿌루	~만 못하다 ~하는 편이 낫다
打折	dǎzhé 다저	할인하다
童装	tóngzhuāng 통주앙	아동복장
一分钱一分货	Yì fēn qián yì fēn huò 이펀 치엔 이펀 후워	싼 게 비지떡이다

在王府井

朴容明

老板，这套唐装怎么卖？
Lǎobǎn, zhè tào Tángzhuāng zěnme mài?
라오반, 저 타오 탕주왕 쩐머 마이?

老板

先生，您的眼光真好！这种唐装是最新样式，只要400块钱。
Xiānsheng, nín de yǎnguāng zhēn hǎo! Zhè zhǒng Tángzhuāng shì zuì xīn yàngshì, zhǐyào sì bǎi kuài qián.
씨엔셩, 닌 더 옌광 전 하오! 저 종 탕주왕 스 쭈웨이신 양스, 즈야오 쓰바이 콰이 치엔.

朴容明

我在别的地方也看过了，那儿只要250块。
Wǒ zài bié de dìfang yě kànguo le, nàr zhǐyào èr bǎi wǔ shí kuài.
워 짜이 비에 더 띠팡 예 칸구워 러, 나알 즈야오 얼바이 우스 콰이.

老板

一分钱一分货，我们的衣服质地和手工都是一流的。
Yì fēn qián yì fēn huò, wǒmen de yīfu zhìdì hé shǒugōng dōu shì yīliú de.
이펀 치엔 이펀 후워, 워먼 더 이푸 즈띠 흐어 셔우꽁 또우 스 이리우 더.

朴容明

400块钱的话，我不如去百货商店买。
Sì bǎi kuài qián de huà, wǒ bùrú qù bǎihuò shāngdiàn mǎi.
쓰 바이 콰이 치엔 더 화, 워 뿌루 취 바이후워 상띠엔 마이.

老板

您真会说话，好，给您打个九折吧。
Nín zhēn huì shuōhuà, hǎo, gěi nín dǎ ge jiǔ zhé ba.
닌 전 훼이 슈워 화, 하오, 게이 닌 다거 지우 저 바.

朴容明

七折，我再买一套童装。
Qī zhé, wǒ zài mǎi yí tào tóngzhuāng.
치 저, 워 짜이 마이 이 타오 통주앙.

老板

好吧，好吧。
Hǎo ba, hǎo ba.
하오 바, 하오 바

1 ‘还没…(呢)’는 ‘아직 ~하지 않았다’는 뜻입니다.

我还没去过汉城的南山塔呢。
Wǒ hái méi qùguo Hànchéng de Nánshāntǎ ne.
나는 아직 서울의 남산타워도 가보지 않았습니다.

我还没吃过北京烤鸭呢。
Wǒ hái méi chīguo Běijīng Kǎoyā ne.
나는 아직 베이징카오야도 먹어보지 못했습니다.

金科长还没上班呢。
Jīn kēzhǎng hái méi shàngbān ne.
김 과장은 아직 출근하지 않았습니다.

2 ‘…过’는 ‘~을 해본 적이 있다’는 뜻입니다. 부정형은 ‘没…过’입니다.

其实很多北京人也还没去过长城呢。
Qíshí hěn duō Běijīng rén yě hái méi qùguo Chángchéng ne.
사실은 많은 베이징 사람들이 만리장성에 가보지 않았습니다.

我去过一次上海。
Wǒ qùguo yí cì Shànghǎi.
나는 상하이에 한 번 가보았습니다.

我没想过这个问题。
Wǒ méi xiǎngguo zhè ge wèntí.
나는 이 문제를 생각해보지 않았습니다.

明天就要回国了。
Míngtiān jiùyào huíguó le.
내일 귀국할 겁니다.

我快要去中国工作了。
Wǒ kuàiyào qù Zhōngguó gōngzuò le.
나는 중국으로 일하러 갈 겁니다.

火车就要开了。
Huǒchē jiùyào kāi le.
기차가 출발하려 합니다.

他就要当爸爸了。
Tā jiùyào dāng bàba le.
그는 곧 아빠가 됩니다.

보충단어   当 dāng 땅   되다

기본 표현

1 장성에 오르지 않으면 진정한 사나이가 아니다.

不到长城非好汉。
Bú dào Chángchéng fēi hǎohàn.
부 따오 창청 페이 하오한.

2 나는 서울에서 태어나고 자랐습니다.

我在汉城土生土长。
Wǒ zài Hànchéng tǔ shēng tǔ zhǎng.
워 짜이 한청 투성투장.

3 이 중국 전통 의상은 얼마입니까?

这套唐装怎么卖？
Zhè tào Tángzhuāng zěnme mài?
저 타오 탕주앙 쩐머 마이?

4 정말 안목이 있으십니다.

你的眼光真好！
Nǐ de yǎnguāng zhēn hǎo!
니 더 옌꽝 전 하오!

5 가격이 높으면 품질이 좋습니다.

一分钱一分货。
Yì fēn qián yì fēn huò.
이 펀 치엔 이펀 후워.

비즈니스 표현 Up

1 너무 비쌉니다. 좀 싸게 해주세요.

太贵了，便宜点儿。
Tài guì le, piányi diǎnr.
타이 꿰이 러, 피엔이 디알.

2 잔돈은 됐습니다.

不用找了。
Bú yòng zhǎo le.
부 용 자오 러.

3 좀 큰 것 있습니까?

有大一点儿的吗？
Yǒu dà yìdiǎnr de ma?
요우 따 디알 더 마?

비즈니스 단어 PLUS

쇼핑할 때

相机 xiàngjī
카메라

瓷器 cíqì
도자기

照相 zhàoxiàng
사진을 찍다

胶卷儿 jiāojuǎnr
필름

数码相机
shùmǎ xiàngjī
디지털 카메라

真丝 zhēnsī
실크

古董 gǔdǒng
골동품

讲价 jiǎngjià
가격을 흥정하다

旗袍 qípáo
중국 전통 여자 의상

讨价还价
tǎojià huánjià
물건값을 흥정하다

중국 비즈니스 PLUS | 만리장성

달에서도 보이는 건축물 만리장성은 중국 건축 역사의 기적이다. 만리장성은 춘추전국시대부터 영토 방위를 위하여 나라별로 쌓았던 것을 진시황이 중국 통일 후 흉노족의 침입을 방어하기 위해 하나로 연결한 것이다.

흔히 관광객들이 많이 가는 곳인 '빠다링(八达岭)'은 만리장성의 한 부분이다. 베이징에서 출발하려면 베이징역(北京站), 베이징남역(北京南站) 혹은 베이징북역(北京北站)에서 열차를 타고 칭룽치아오서역(青龙桥西站) 혹은 빠다링역(八达岭站)에서 내리면 된다. 빠다링역은 케이블카를 타는 곳까지 비교적 가깝지만 성수기에만 운행된다. 칭룽치아행은 사계절 다 운행한다. 베이징역에서 칭룽치아까지는 약 82킬로미터 거리다. 가기 전에 운행 시간을 미리 알아보는 것이 좋다.

만리장성을 축조하면서 많은 사람들이 목숨을 잃었다. 그러므로 '만리장성에 올라보지 않으면 진정한 남자가 아니다'는 마오쩌둥(毛泽东)의 이 말은 그때를 되새겨 사람들을 추모하고 높은 기상을 배우라는 뜻이 아닐까 싶다.

제 14 과

관광을 마치고 호텔로 돌아온 박 과장은 회사에서 걸려온 전화를 확인하고 리 과장에게 전화를 걸어 계약이 성사되었음을 알려준다. 이에 리 과장은 귀국할 박 과장에게 송별연을 열어주기로 하고 저녁에 만날 것을 약속한다.

1. **오늘 절 찾는 사람이 있었습니까?** – 호텔 방에서
2. **오늘 저녁 저희가 송별연을 열어드리겠습니다.** – 호텔 방에서

今天有人找我吗？

Jīntiān yǒu rén zhǎo wǒ ma?

오늘 절 찾는 사람이 있었습니까?

#6:00pm

호텔 방에서

박용명　아가씨, 전 1102호실의 박용명인데요. 오늘 절 찾는 사람이 있었습니까?

종업원　안녕하세요? 박 선생님. 돌아오셨네요. 한 개의 메모가 있습니다.

박용명　그래요? 어디서 온 거죠?

종업원　한국인 것 같습니다, 선생님께 전화달라고 하셨습니다. 전화번호는 02-725-1688 입니다.

박용명　아, 본사 전화네요. 알겠습니다, 감사합니다.

새단어

找　zhǎo 자오		찾다
留言　liúyán 리우옌		메모, 전해 둔 말
好像　hǎoxiàng 하오씨앙		마치 ~과 같다, 비슷하다
总公司　zǒnggōngsī 종꽁쓰		본사

在酒店房间

朴容明 小姐，我是1102房的朴容明。今天有人找我吗？

Xiǎojie, wǒ shì yāo yāo líng èr fáng de Piáo Róngmíng. Jīntiān yǒu rén zhǎo wǒ ma?

샤오지에, 워 스 야오야오링얼 팡 더 피아오 롱밍. 진티엔 요우 런 자오 워 마?

服务员 您好，朴先生，您回来了。您有一个留言。

Nín hǎo, Piáo xiānsheng, nín huílai le. Nín yǒu yí ge liúyán.

닌 하오, 피아오 씨엔셩, 닌 훼이라이 러. 닌 요우 이거 리우옌.

朴容明 是吗？哪儿来的？

Shì ma? Nǎr lái de?

스 마? 나알 라이 더.

服务员 好像是韩国，他让您给他打个电话。
号码是02-725-1688。

Hǎoxiàng shì Hánguó, tā ràng nín gěi tā dǎ ge diànhuà. hàomǎ shì líng èr- qī èr wǔ-yāo liù bā bā.

하오씨앙 스 한구워, 타 랑 닌 게이 타 따거 띠엔화. 하오마 스 링얼 - 치얼우 - 야오리우빠빠.

朴容明 啊，是我们总公司的电话，我知道了，
谢谢你。

Ā, shì wǒmen zǒng gōngsī de diànhuà, wǒ zhīdao le, xièxie nǐ.

아, 스 워먼 종꽁쓰 더 띠엔화. 워 즈다오 러. 씨에시에 니.

今晚我们为你饯行。

Jīnwǎn wǒmen wèi nǐ jiànxíng.

오늘 저녁 저희가 송별연을 열어드리겠습니다.

 # 6:10pm

호텔 방에서

박용명	여보세요? 리 과장님입니까?
리 과장	예, 맞습니다. 박 과장님이십니까? 오늘 관광은 어떠셨습니까? 많이 피곤하시죠?
박용명	조금도 피곤하지 않습니다. 저희 회사에서 전화가 왔었습니다. 저희는 기본적으로 그 요구 조건에 동의하고 있습니다.
리 과장	정말 잘 됐습니다. 오늘 저녁 저희가 송별연을 열어드리겠습니다.
박용명	정말 송구스럽습니다. 늘 폐를 끼쳐드리는 것 같습니다.
리 과장	또 그러십니다. 오늘 저녁 6시 반에 제가 호텔로 모시러 가겠습니다. 괜찮겠죠?
박용명	그럼 사양하지 않겠습니다.

새단어

基本	jīběn 찌번	근본적인, 거의
同意	tóngyì 통이	동의하다
要求	yāoqiú 야오치우	요구(하다)
失望	shīwàng 스왕	실망하다

深信不疑	shēn xìn bù yí 선씬뿌이	믿어 의심치 않다
饯行	jiànxíng 찌엔씽	송별연을 베풀다
见外	jiànwài 찌엔와이	남처럼 대하다 서먹서먹하게 대하다

在酒店房间

朴容明	喂，是李经理吗？ Wèi, shì Lǐ jīnglǐ ma? 웨이, 스 리 징리 마?
李经理	对，我就是。是朴科长吧？今天玩儿得怎么样？挺累的吧？ Duì, wǒ jiùshì. Shì Piáo kēzhǎng ba? Jīntiān wánr de zěnmeyàng? Tǐng lèi de ba? 뚜에이, 워 찌우 스, 스 피아오 커장 바? 진티엔 왈 더 쩐머양? 팅 레이 더 바?
朴容明	一点儿也不累。我们公司来电话了，我们基本同意你们的要求。 Yì diǎnr yě bú lèi. Wǒmen gōngsī lái diànhuà le, wǒmen jīběn tóngyì nǐmen de yāoqiú. 이디알 예 부레이. 워먼 꿍쓰 라이 띠엔화 러, 워먼 지번 퉁이 니먼 더 야오치우.
李经理	太好了。今晚我们为你饯行。 Tài hǎo le. Jīnwǎn wǒmen wèi nǐ jiànxíng. 타이 하오 러. 찐완 워먼 웨이 니 찌엔씽.
朴容明	真不好意思，总让你们破费。 Zhēn bù hǎo yìsi, zǒng ràng nǐmen pòfèi. 전 뿌 하오 이쓰, 종 랑 니먼 포어페이.
李经理	你又见外了。今晚6点半我去酒店接你，行吧？ Nǐ yòu jiànwài le. Jīnwǎn liù diǎn bàn wǒ qù jiǔdiàn jiē nǐ, xíng ba? 니 요우 찌엔 와이 러. 찐완 리우 디엔 빤 워 취 지우띠엔 지에 니, 씽 바?
朴容明	那我就不客气了。 Nà wǒ jiù bú kèqi le. 나 워 찌우 부 커치 러.

1 '一点儿也不/没…'는 부정을 강조하는 표현입니다

我今天一点儿饭也没吃。
Wǒ jīntiān yìdiǎnr fàn yě méi chī.
나는 오늘 밥을 조금도 먹지 못했습니다.

我对中国一点儿也不了解。
Wǒ duì Zhōngguó yìdiǎnr yě bù liǎojiě.
나는 중국에 대해 조금도 알지 못합니다.

那件事我一点儿也不知道。
Nà jiàn shì wǒ yìdiǎnr yě bù zhīdao.
그 일에 대해 나는 조금도 아는 바가 없습니다.

2 '会…(的)'는 '~할 것이다'의 뜻입니다.

我们一定不会让你们失望的。
Wǒmen yídìng bú huì ràng nǐmen shīwàng de.
우리는 당신들을 실망시켜드리지 않을 것입니다.

你们会满意我们的产品的。
Nǐmen huì mǎnyì wǒmen de chǎnpǐn de.
우리 상품에 만족하실 것입니다.

总经理会同意的。
Zǒngjīnglǐ huì tóngyì de.
사장님께서는 동의하실 겁니다.

보충단어

了解 liǎojiě 리아오지에　이해하다　　满意 mǎnyì 만이　만족하다

회화 연습

1 A　喂，是李经理吗？　　여보세요, 리 과장님이십니까?
Wèi, shì Lǐ jīnglǐ ma?
웨이, 스 리 징리 마?

　　B　对，我就是。　　예, 바로 접니다.
Duì, wǒ jiùshì.
뛔이, 워 찌우 스.

2 A　明天天气怎么样？　　내일 날씨는 어떻답니까?
Míngtiān tiānqì zěnmeyàng?
밍티엔 티엔치 쩐머양?

　　B　好像会下雨。　　비가 내릴 거라고 합니다.
Hǎoxiàng huì xiàyǔ.
하오씨앙 훼이 씨아 위.

3 A　那家饭店的菜怎么样？　　그 음식점의 요리는 어떻습니까?
Nà jiā fàndiàn de cài zěnmeyàng?
나 지아 판띠엔 더 차이 쩐머양?

　　B　一点儿也不好吃。　　조금도 맛있지 않습니다.
Yìdiǎnr yě bù hǎochī.
이디알 예 뿌 하오츠.

기본 표현

1 오늘 절 찾는 사람이 있었습니까?

今天有人找我吗？
Jīntiān yǒu rén zhǎo wǒ ma?
진티엔 요우 런 자오 워 마?

2 그분이 전화 달라고 하셨습니다.

他让您给他打个电话。
Tā ràng nín gěi tā dǎ ge diànhuà.
타 랑 닌 게이 타 따거 띠엔화.

3 여보세요, 리 과장님이세요?

喂，是李经理吗？
Wèi, shì Lǐ jīnglǐ ma?
웨이, 스 리 징리 마?

4 바로 접니다.

我就是。
Wǒ jiùshì.
워 찌우 스.

비즈니스 표현 Up

1 내 핸드폰 배터리가 거의 다 됐습니다.

我的手机要没电了。
Wǒ de shǒu jī yào méi diàn le.
워더 셔우지 야오 메이 띠엔 러.

2 영업팀 좀 부탁합니다.

请转销售部。
Qǐng zhuǎn xiāoshòubù.
칭 주안 씨아오셔우뿌.

3 여기에는 그런 사람이 없습니다.

我们这儿没有那个人。
Wǒ men zhèr méi yǒu nà ge rén.
워먼 저얼 메이요우 나거 런.

비즈니스 단어 PLUS

회사에 전화할 때

公用电话
gōngyòng diànhuà
공중전화

占线 zhànxiàn
통화중

办事处 bànshìchù
사무실

总机 zǒngjī
교환대

分机 fēnjī
내선 전화

长途电话
chángtú diànhuà
시외전화

区号 qūhào
지역 번호

手机 shǒujī
핸드폰

分公司 fēngōngsī
지사

중국의 철도는 티베트 이외에 중국 전지역까지 뻗어 있다. 시간적 여유가 있다면 광활한 대륙을 기차로 여행하는 것도 나쁘지 않다. 중국에서 기차표를 구입할 때는 도착지 외에 열차의 종류와 좌석의 종류도 매표원에게 알려주어야 한다. 열차의 종류는 '特快(특별급행열차)', '直快(직통급행열차)', '快客(보통쾌속열차)' 또는 '普客(완행열차)' 로 나누어져 있다. 외국인 여행자들은 주로 '特快' 를 이용한다. 제일 비싸지만 다른 열차에 비해 시설이 좋고 속도가 가장 빠르며 서비스도 좋기 때문이다.

좌석의 종류도 4가지가 있다. '软卧(푹신푹신한 침대)', '硬卧(딱딱한 침대),' '软座(푹신푹신한 좌석)', '硬座(딱딱한 좌석)' 등이 있다. '软卧' 는 가장 좋은 좌석으로 방 안에 4개의 침대가 상하 2단으로 놓여 있고, 출입문도 있다. 하지만 가격은 '硬卧' 의 2배 이상이다. 여자 혼자 가는 길이라며 전혀 모르는 3명의 남자와 같은 방을 쓸 수도 있으니 일행과 함께 가는 것이 좋다. '硬卧' 는 한 칸에 양쪽 벽면으로 3개씩 총 6개의 침대가 설치되어 있다. 여행객들이 표를 구입할 때는 맨 아래에 있는 침대를 가장 선호한다. 출입문은 없으며 바로 복도와 맞닿아 있다. '软座' 는 한국의 열차와 비슷하다. 좌석이 푹신하게 되어 있으며, 등받이는 거의 90도 직각으로 등을 맞대고 있다. '硬座' 의 등받이 역시 직각이고, 좌석에 약간의 얇은 쿠션이 있다. 가격은 가장 저렴하지만 장거리 여행에는 부적당하다.

중국에서 10시간 이상의 열차여행은 아주 흔한 일이다. 열차를 타고 창 밖의 풍경을 감상하고 중국친구도 사귀어보고, 좋은 추억을 만들 수 있다.

제15과

송별연에서 리우 사장과 다시 만난 박 과장은 자신에 대한 두 사람의 관심과 배려에 대해 감사 인사를 하고 한국 방문시에 다시 만날 것을 약속한다. 술을 마시면서 세 사람은 박 과장의 귀국길이 평안하기를 기원하며 건배한다.

1. 두 분 이후에 반드시 한국을 방문해주시길 바랍니다. – 송별연에서
2. 우리의 합작이 성공하기를 바라면서, 건배! – 송별연에서

二位以后一定要来韩国访问啊!

Èr wèi yǐhòu yídìng yào lái Hánguó fǎngwèn a!

두 분 이후에 반드시 한국을 방문해주시길 바랍니다.

 # 7:00pm

송별연에서

리우 사장	박 과장님, 또 뵙습니다.
박용명	안녕하세요, 리우 사장님. 항상 이렇게 잘 대해주시니 정말 죄송스럽네요.
리우 사장	별 말씀을요, 요즘 바빠서 많이 보살펴드리지 못했는걸요.
박용명	최근 리 과장님께서 고생하셨습니다.
리 과장	별 말씀을요. 멀리서 오셨는데, 당연히 잘 대접해드려야죠.
박용명	두 분 이후에 반드시 한국을 방문해주시길 바랍니다.
리우 사장	지금 비자를 신청해놓은 상태입니다.
박용명	그럼 전 한국에서 두 분의 방문을 기다리고 있겠습니다.
리우 사장	그럼 결정했습니다. 한국에서 다시 만납시다.

새단어

过意不去 guò yì bú qù 꾸워이 부취		미안해하다, 죄송하게 생각하다
顾 gù 꾸		돌보다
远道而来 yuǎn dào ér lái 위엔따오 얼라이		먼 데서 오다
招待 zhāodài 자오따이		접대하다
访问 fǎngwèn 팡원		방문하다

申请 shēnqǐng 션칭		신청하다
签证 qiānzhèng 치엔정		비자
恭候 gōnghòu 꽁호우		공손히 기다리다
一言为定 yì yán wéi dìng 이옌 웨이띵		한 마디로 정하다

在宴会上

刘总	朴科长，我们又见面了。 Piáo kēzhǎng, wǒmen yòu jiànmiàn le. 피아오 커장. 워먼 요우 찌엔미엔 러.
朴容明	您好，刘总。你们总是这么客气，真让我过意不去。 Nín hǎo, Liú zǒng. Nǐmen zǒngshì zhème kèqi, zhēn ràng wǒ guò yì bú qù. 닌 하오, 리우 종, 니먼 종스 저머 커치, 전 랑 워 꾸워이 부취.
刘总	哪儿的话，这几天忙，也没顾上陪你。 Nǎr de huà, zhè jǐ tiān máng, yě méi gùshang péi nǐ. 나알 더 화, 저 지 티엔 망, 예 메이 꾸상 페이 니.
朴容明	这几天辛苦李经理了。 Zhè jǐ tiān xīnkǔ Lǐ jīnglǐ le. 저 지 티엔 씬쿠 리 징리 러.
李经理	哪里哪里，你是远道而来的客，我当然要好好招待啊！ Nǎli nǎli, nǐ shì yuǎn dào ér lái de kè, wǒ dāngrán yào hǎohāo zhāodài a! 나리 나리, 니 스 위엔따오 얼라이더 커, 워 땅란 야오 하오하오 자오따이 아.
朴容明	二位以后一定要来韩国访问啊！ Èr wèi yǐhòu yídìng yào lái Hánguó fǎngwèn a! 얼 웨이 이호우 이딩 야오 라이 한구워 팡원 아!
刘总	我们正在申请签证。 Wǒmen zhèngzài shēnqǐng qiānzhèng. 워먼 정짜이 션칭 치엔정.
朴容明	那我就在韩国恭候二位光临了。 Nà wǒ jiù zài Hánguó gōnghòu èr wèi guānglín le. 나 워 찌우 짜이 한구워 꽁호우 얼 웨이 꾸앙린 러.
刘总	一言为定，我们在韩国见。 Yì yán wéi dìng, wǒmen zài Hánguó jiàn. 이옌 웨이띵, 워먼 짜이 한구워 찌엔.

为了我们合作成功，干杯!

Wèi le wǒmen hézuò chénggōng, gānbēi!

우리의 합작이 성공하기를 바라면서, 건배!

 # 7:30pm

송별연에서

리 과장	자, 건배하시죠.
박용명	예, 우리의 합작이 성공하기를 바라면서, 건배!
리 과장	건배! 자, 이 요리를 맛보세요. 오늘은 저희가 특별히 광동요리를 맛보여드리려고 광동요리점으로 선택했습니다.
박용명	베이징에서도 광동요리를 먹게 될 줄은 몰랐습니다.
리 과장	베이징에서는 한국요리도 먹을 수 있지 않습니까, 중국음식인데요 뭘.
박용명	그렇네요. 자 다시 건배합시다!
리 과장	내일의 여행길이 즐거우시길 바라면서 건배!

새단어

干杯	gānbēi 깐뻬이		건배하다
合作	hézuò 흐어쭈워		합작(하다)
成功	chénggōng 청꿍		성공하다
特地	tèdì 터띠		특히, 일부러
粤菜馆	Yuècàiguǎn 위에차이구안		광동요리점
连	lián 리엔		~조차도, ~마저도

道理	dàolǐ 따오리		도리, 일리
预祝	yùzhù 위주		예측하다, 미리 축하하다
旅途	lǚtú 뤼투		여정, 여행 도중

在宴会上

李经理

来，我们干一杯。

Lái, wǒmen gān yì bēi.

라이, 워먼 깐 이 뻬이.

朴容明

好，为了我们合作成功，干杯!

Hǎo, wèi le wǒmen hézuò chénggōng, gānbēi!

하오, 웨이러 워먼 흐어쭈워 청꽁 깐뻬이!

李经理

干! 来，尝尝这个菜。今天我们特地选了粤菜馆，就是为了让你尝尝正宗的粤菜。

Gān! Lái, chángchang zhè ge cài. Jīntiān wǒmen tèdì xuǎn le Yuècài guǎn, jiùshì wèi le ràng nǐ chángchang zhèngzōng de Yuècài.

깐! 라이, 창창 저거 차이. 진티엔 워먼 터띠 쉬엔 러 위에차이구안. 찌우 스 웨이러 랑 니 창창 정종 더 위에차이.

朴容明

想不到在北京也能吃到粤菜。

Xiǎng bú dào zài Běijīng yě néng chī dào Yuècài.

시앙 부따오 짜이 베이징 예 넝 츠따오 위에차이.

李经理

在北京连韩国菜都能吃到，中国菜还会有问题吗?

Zài Běijīng lián Hánguó cài dōu néng chīdào, Zhōngguó cài hái huì yǒu wèntí ma?

짜이 베이징 리엔 한구워 차이 또우 넝 츠따오, 중구워 차이 하이 훼이 요우 원티 마?

朴容明

你说得有道理。来，我们再干一杯。

Nǐ shuō de yǒu dàolǐ. Lái, wǒmen zài gān yì bēi.

니 슈워 더 요우 따오리. 라이, 워먼 짜이 깐 이 뻬이.

李经理

预祝你明天旅途愉快，干!

Yùzhù nǐ míngtiān lǚtú yúkuài, gān!

위주 니 밍티엔 뤼투 위콰이, 깐!

1 '为了'는 '~을 위하여'로 동작 행위의 목적을 나타냅니다.

为了我们的合作成功, 干杯!
Wèi le wǒmen de hézuò chénggōng, gānbēi!
우리 합작의 성공을 위하여 건배!

为了了解中国市场, 公司派我去中国出差。
Wèi le liǎojiě Zhōngguó shìchǎng, gōngsī pài wǒ qù Zhōngguó chūchāi.
중국 시장을 이해하기 위해 회사에서 저를 중국으로 출장을 보냈습니다.

为了降低成本, 我们的工厂搬到了中国。
원가를 낮추기 위해 우리 공장은 중국으로 옮겼습니다.
Wèi le jiàngdī chéngběn, wǒmen de gōngchǎng bāndào le Zhōngguó.

2 连…都/也 : ~조차도, ~까지

在北京连韩国菜都能吃到。
Zài Běijīng lián Hánguó cài dōu néng chīdào.
베이징에서는 한국의 요리도 먹을 수 있습니다.

现在连小学生也去中国留学。
Xiànzài lián xiǎoxuéshēng yě qù Zhōngguó liúxué.
현재는 초등학생들도 중국유학을 갑니다.

他连一句中文都不会说。
Tā lián yí jù Zhōngwén dōu bú huì shuō.
그는 중국어를 한 마디도 못합니다.

보충단어

市场 shìchǎng 스창	시장	派 pài 파이	파견하다
搬 bān 빤	옮기다	降低 jiàngdī 지앙띠	낮추다
睡觉 shuìjiào 쉐이지아오	잠자다	留学 liúxué 리우쉬에	유학하다

회화 연습

1 **A** 你们总是这么客气，真让我过意不去。

Nǐmen zǒngshì zhème kèqi, zhēn ràng wǒ guòyì búqù.

니먼 종스 저머 커치, 전 랑 워 꾸워이 부취.

당신들은 늘 이렇게 친절하시군요, 정말 송구스럽습니다.

B 哪儿的话。这几天忙，也没顾上陪你.

Nǎr de huà. Zhè jǐ tiān máng, yě méi gùshang péi nǐ.

나알 더 화, 저 지 티엔 망 예 메이 꾸상 페이 니.

별 말씀을요. 며칠 바빠서, 잘 돌봐드리지도 못했습니다.

2 **A** 那我就在韩国恭候二位光临了。

Nà wǒ jiù zài Hánguó gōnghòu èr wèi guānglín le.

나 워 찌우 짜이 한구워 꽁호우 얼 웨이 꽝린 러.

그럼 한국에서 두 분의 방문을 기다리겠습니다.

B 一言为定，我们在韩国见。

Yì yán wéi dìng, wǒmen zài Hánguó jiàn.

이옌 웨이띵 워먼 짜이 한구워 찌엔.

그럼 결정했습니다, 우리 한국에서 만납시다.

3 **A** 来，我们干一杯。

Lái, wǒmen gān yì bēi.

라이, 워먼 깐 이 뻬이

자, 우리 건배합시다.

B 好，为了我们的合作成功，干杯!

Hǎo, wèi le wǒmen de hézuò chénggōng, gānbēi!

하오, 웨이러 워먼 더 흐어쭈워 청꽁 깐뻬이!

좋습니다, 합작의 성공을 위해 건배!

기본 표현

1 늘 이렇게 친절하시니 정말 송구스럽네요.

你们总是这么客气，真让我过意不去。
Nǐmen zǒngshì zhème kèqi, zhēn ràng wǒ guòyì bú qù.
니먼 쫑스 저머 커치 쩐 랑 워 꾸워이 부취.

2 우리 합작의 성공을 위하여, 건배!

为了我们的合作成功，干杯!
Wèi le wǒmen de hézuò chénggōng, gānbēi!
웨이러 워먼 더 흐어쭤 청꽁, 깐뻬이!

3 내일 여행이 즐거우시길 바랍니다.

预祝你明天旅途愉快。
Yùzhù nǐ míngtiān lǚtú yúkuài.
위쭈 니 밍티엔 뤼투 위콰이.

비즈니스 표현 Up

1 당신의 건강을 위하여, 건배!

为了您的身体健康，干杯!
Wèi le nín de shēntǐ jiànkāng, gānbēi!
웨이러 닌 더 션티 찌엔캉, 깐뻬이!

2 우리 우정을 위하여, 건배!

为了我们的友谊，干杯!
Wèi le wǒmen de yǒuyì, gānbēi!
웨이러 워먼 더 요우이, 깐뻬이!

3 잘 대접해주셔서 감사합니다.

谢谢你们的热情招待。
Xièxie nǐmen de rèqíng zhāodài.
씨에시에 니먼 더 르어칭 자오따이.

4 당신들을 잊지 못할 것입니다.

我不会忘了你们的。
Wǒ bú huì wàng le nǐmen de.
워 부훼이 왕러 니먼 더.

비즈니스 단어 PLUS

식사를 할 때

麻婆豆腐
Mápódòufu
마파두부

炸酱面
Zhájiàngmiàn
자장면

猪肉 zhūròu
돼지고기

五花肉 wǔhuāròu
삼겹살

鲁菜 Lǔcài
산동요리

川菜 Chuāncài
사천요리

湘菜 Xiāngcài
호남요리

糖醋肉 Tángcùròu
탕수육

菜谱 càipǔ
메뉴

牛肉 niúròu
소고기

告別 gàobié
작별인사하다

欢送 huānsòng
송별하다

중국 비즈니스 PLUS | 광동요리

중국의 요리는 지역별로 보면 그 영향력이 가장 큰 것으로 사대요리, 즉 사천요리, 산동요리, 광동요리, 강서요리가 있다. 이 요리들은 각각 자신만의 독특한 특징을 가지고 있다. 그 가운데 맛이 으뜸이라는 광동요리에 대해 알아보자.

'食在广州(먹는 것은 역시 광주다)' 라는 말은 사람들에게 널리 알려진 말이다. 이 말은 광동음식의 종류가 많음만을 나타내는 말이 아니라 요리 방법과 맛의 독특함을 강조하는 말이며, 광동 사람들이 음식의 생활 습관을 중시한다는 말까지 나타낸다. 광동은 물자가 풍부할 뿐 아니라 메뉴도 다른 지방보다 다양하여 고양이, 개, 뱀, 벌레, 쥐 등이 모두 식단에 포함된다. 그래서 이것 때문에 타지인들은 "하늘에 나는 것은 비행기만 빼고, 땅에 달리는 것은 기차만 빼고…"라는 말을 과장스럽게 한다.

광동인은 먹는 방법도 매우 강조하는데 그들은 국을 마시는 것을 중요시하여 사계절 내내 종류를 달리하여 먹는다. 이 밖에도 광동 사람들은 죽를 좋아하는데 그 색과 종류가 매우 다양하다. 광동요리는 농후한 남국의 맛을 강조하여 신선한 것, 미끄러운 것, 부드러운 것, 향이 있는 것을 강조하며 담백한 맛을 위주로 한다. 생선은 광동 사람들이 가장 좋아하는 음식 중 하나이다. 광동의 경제 발전에 따라 광동의 문화가 전국에 미치는 영향이 날이 갈수록 커지면서 해산물과 광동요리 또한 날이 갈수록 각지의 식단에서 흔히 볼 수 있게 되었다. 하지만 외국인은 중국음식에 들어간 독특한 향에 적응하지 못할 때가 많다. 광동에서라면 해산물요리를 시도해보는 것도 좋다.

제 16 과

호텔에서 체크아웃 절차를 밟고 호텔비를 계산한다. 박 과장은 공항까지 배웅나온 리 과장에게 감사 인사를 하고 작별인사를 한다.

1. **아가씨, 체크아웃하려고 합니다.** – 호텔 프런트에서
2. **공항까지 배웅해주셔서 감사합니다.** – 공항에서

小姐，我要退房。

Xiǎojie, wǒ yào tuìfáng

아가씨, 체크아웃하려고 합니다.

#10:00am

호텔 프런트에서

박용명	아가씨, 체크아웃하려고 합니다. 여기 열쇠요.
종업원	잠깐만 기다려주십시오. 종업원이 방을 살펴보겠습니다.
박용명	예, 그러세요.

종업원	모두 1850위엔입니다. 국제전화와 음료수 값 포함입니다.
박용명	신용카드로 결제하겠습니다.
종업원	예, 여기에 사인해주십시오. 다음에도 저희 호텔을 방문해주십시오.
박용명	안녕히 계십시오!
종업원	안녕히 가십시오!

새단어

退房	tuìfáng 퉤이팡	체크아웃
钥匙	yàoshi 야오스	열쇠, 키
检查	jiǎnchá 지엔차	검사하다
包括	bāokuò 빠오쿠워	포괄하다, 포함하다
饮料	yǐnliào 인리아오	음료수
信用卡	xìnyòngkǎ 신용카	신용카드
结账	jiézhàng 지에장	계산하다
签名	qiānmíng 치엔밍	서명하다

在酒店前台

朴容明	小姐，我要退房。这是钥匙。 Xiǎojie, wǒ yào tuìfáng. Zhè shì yàoshi. 샤오지에, 워 야오 퉤이팡 저 스 야오스.
服务员	请您稍等一下，服务员要检查一下。 Qǐng nín shāo děng yíxià, fúwùyuán yào jiǎnchá yíxià. 칭 닌 샤오 덩 이시아, 푸우위엔 야오 지엔차 이시아.
朴容明	好的。 Hǎo de. 하오 더.

- - -

服务员	一共是1850块，包括国际长途电话费和饮料费。 Yígòng shì yì qiān bā bǎi wǔ shí kuài, bāokuò guójì chángtú diànhuàfèi hé yǐnliàofèi. 이꽁 스 이치엔 빠바이 우스 콰이, 빠오쿠워 구워지 창투 띠엔화 페이 흐어 인리아오 페이.
朴容明	我用信用卡结账。 Wǒ yòng xìnyòngkǎ jiézhàng. 워 용 신용카 지에장.
服务员	好的，请在这儿签名。欢迎您下次再来我们酒店。 Hǎo de, qǐng zài zhèr qiānmíng. Huānyíng nín xià cì zài lái wǒmen jiǔdiàn. 하오 더, 칭 짜이 저얼 치엔밍. 후안잉 닌 시아츠 짜이 라이 워먼 지우띠엔.
朴容明	再见！ Zài jiàn! 짜이 지엔!
服务员	再见！ Zài jiàn! 짜이 지엔!

谢谢你来机场送我。

Xièxie nǐ lái jīchǎng sòng wǒ.

공항까지 배웅해주셔서 감사합니다.

#11:00am

공항에서

박용명	리 과장님, 공항까지 배웅해주셔서 감사합니다.
리 과장	뭘요, 당연히 해야할 일인걸요.
박용명	합작 건은 안심하십시오. 제가 회사에 도착하는 대로 이 건을 마무리짓겠습니다.
리 과장	그럼 부탁드립니다. 맞다, 이건 저희들의 작은 성의입니다, 받으십시오.
박용명	이런 송구스러워서 어쩝니까. 그럼 사양하지 않겠습니다. 대신해서 리우 사장님께 감사하다고 전해주십시오. 한국에 오시는 수속이 다 되면 제게 연락해주십시오.
리 과장	좋습니다. 언제든지 연락드리겠습니다. 조심히 가십시오!
박용명	또 뵙겠습니다.

새단어

合同	hétong 호어통	계약서
一…就…	yī…jiù… 이~ 찌우	~하면, ~하다
处理	chǔlǐ 추리	처리하다
拜托	bàituō 빠이투워	부탁하다
心意	xīnyì 씬이	마음, 성의
代	dài 따이	대리하다, 대신하다
手续	shǒuxù 셔우쉬	수속
随时	suíshí 쒜이스	수시(로), 언제나
联系	liánxì 리엔시	연락하다
一路顺风	yí lù shùn fēng 이루쑨펑	가시는 길이 순조로우시길 빕니다

在机场

朴容明	**李经理，谢谢你来机场送我。** Lǐ jīnglǐ, xièxie nǐ lái jīchǎng sòng wǒ. 리 징리. 씨에시에 니 라이 지창 쏭 워.
李经理	**谢什么，是我应该做的。** Xiè shénme, shì wǒ yīnggāi zuò de. 씨에 션머. 스 워 잉가이 쭈워 더.
朴容明	**合同的事你放心，我一到公司就会处理这件事。** Hétong de shì nǐ fàngxīn, wǒ yí dào gōngsī jiù huì chǔlǐ zhè jiàn shì. 흐어통 더 스 니 팡신. 워 이 따오 꽁쓰 찌우 훼이 추리 저 지엔 스.
李经理	**那就拜托了。对了，这是我们的一点儿心意，你就收下吧。** Nà jiù bàituō le. Duì le, zhè shì wǒmen de yìdiǎnr xīnyì, nǐ jiù shōuxià ba. 나 찌우 빠이투워 러. 뛔이 러. 저 스 워먼 더 이디알 씬이. 니 찌우 셔우시아 바.
朴容明	**这怎么好意思。那我就不客气了。代我谢谢刘总。你们办好来韩手续以后告诉我。** Zhè zěnme hǎo yìsi. Nà wǒ jiù bú kèqi le. Dài wǒ xièxie Liú zǒng. Nǐmen bàn hǎo lái Hán shǒuxù yǐhòu gàosu wǒ. 저 쩐머 하오 이쓰. 나 워 찌우 부 커치 러. 따이 워 씨에시에 리우 종. 니먼 빤하오 라이 한 셔우쉬 이 호우 까오수 워.
李经理	**好的。我会随时跟你联系的。一路顺风！** Hǎo de. Wǒ huì suíshí gēn nǐ liánxì de. Yí lù shùn fēng! 하오 더. 워 훼이 쒜이스 껀니 리엔시 더. 이루순펑!
朴容明	**再见！** Zài jiàn! 짜이 지엔

1 '一…就…'는 '(~하자마자) 곧, 바로'라는 뜻으로 두 동작이 연이어서 발생함을 나타냅니다.

我一到公司就会处理这件事。
Wǒ yí dào gōngsī jiù huì chùlǐ zhè jiàn shì.
회사에 도착하자마자 이 일을 처리하겠습니다.

我一接完你的电话就来了。
Wǒ yì jiē wán nǐ de diànhuà jiù lái le.
당신의 전화를 받자마자 바로 왔습니다.

我每天一下班就回家。
Wǒ měitiān yí xiàbān jiù huíjiā.
나는 매일 퇴근하자마자 집에 갑니다.

我一到北京就给你打电话。
Wǒ yí dào Běijīng jiù gěi nǐ dǎ diànhuà.
제가 베이징에 도착하자마자 전화하겠습니다.

2 '好'는 결과보어(结果补语)이며 동사 뒤에 붙어 동작이 완료되거나 그 결과가 좋다는 의미를 나타냅니다.

你们办好来韩国的手续以后告诉我。
Nǐmen bàn hǎo lái Hánguó de shǒuxù yǐhòu gàosu wǒ.
한국에 오는 수속이 끝나면 제게 알려주십시오.

样品准备好了。
Yàngpǐn zhǔnbèi hǎo le.
샘플이 준비되었습니다.

客户已经联系好了。
Kèhù yǐjing liánxì hǎo le.
고객들에게 이미 연락이 되었습니다.

회화 연습

1 A 小姐，我要退房。这是钥匙。　　아가씨, 체크아웃하겠습니다.
Xiǎojie, wǒ yào tuìfáng. Zhè shì yàoshi.　　여기 열쇠요.
샤오지에, 워 야오 퉤이팡 저 스 야오스.

　　B 请您稍等一下。　잠시만 기다려주십시오.
Qǐng nín shāo děng yíxià.
칭 닌 샤오 덩 이시아.

2 A 谢谢你到机场送我。　공항까지 배웅해 주셔서 감사합니다.
Xièxie nǐ dào jīchǎng sòng wǒ.
씨에시에 니 따오 지창 쏭 워.

　　B 谢什么，是我应该做的。　뭘요, 당연히 제가 할 일인걸요.
Xiè shénme, shì wǒ yīnggāi zuò de.
씨에 션머, 스 워 잉가이 쭈워 더.

3 A 这是我们的一点儿心意。　이것은 저희들의 성의입니다.
Zhè shì wǒmen de yìdiǎnr xīnyì.
저 스 워먼 더 이디알 씬이.

　　B 那我就不客气了。代我谢谢刘总。
Nà wǒ jiù bú kèqi le. Dài wǒ xièxie Liú zǒng.
나 워 찌우 부 커치 러. 따이 워 씨에시에 리우 종.
그럼 사양하지 않겠습니다. 절 대신해 리우 사장님께 감사하다고 전해주십시오.

기본 표현

1 아가씨, 체크아웃하려고 합니다.

小姐，我要退房。
Xiǎojie, wǒ yào tuìfáng.
샤오지에, 워 야오 퉤이팡.

2 신용카드로 계산하겠습니다.

我用信用卡结账。
Wǒ yòng xìnyòngkǎ jiézhàng.
워 용 신용카 지에장.

3 공항까지 배웅와주셔서 감사합니다.

谢谢你来机场送我。
Xièxie nǐ lái jīchǎng sòng wǒ.
씨에시에 니 라이 지창 쏭 워.

4 가시는 길이 순조로우시길 바랍니다.

一路顺风!
Yí lù shùn fēng!
이루쑨펑!

비즈니스 표현 Up

1 공항으로 가주세요.

请送我到机场。
Qǐng sòng wǒ dào jīchǎng.
칭 쏭 워 따오 지창.

2 호텔 서비스에 아주 만족합니다.

我很满意你们酒店的服务。
Wǒ hěn mǎnyì nǐmen jiǔdiàn de fúwù.
워 헌 만이 니먼 지우띠엔 더 푸우.

3 즐거운 여행 되세요!

祝你旅途愉快!
Zhù nǐ lǚtú yúkuài!
쭈 니 뤼투 위콰이!

비즈니스 단어 PLUS

차의 종류와 기념품

红茶 hóngchá
홍차

花茶 huāchá
쟈스민차

铁观音 Tiěguānyīn
철관음

乌龙茶 Wūlóngchá
우롱차

龙井茶 Lóngjǐngchá
용정차

绿茶 lǜchá
녹차

纪念品 jìniànpǐn
기념품

特产 tèchǎn
특산물

중국 비즈니스 PLUS | 선물

중국에서 살 만한 것에는 무엇이 있을까? 인기가 많은 것은 아무래도 중국차, 술, 그리고 약이다. 특히 한약재로 만든 보신약이 많아 선물용으로도 좋다. '同仁堂'이 만든 '牛黃淸心丸(우황청심환)'도 아주 저렴하게 살 수 있다.

그러면 중국인에게는 어떤 선물을 하면 좋을까? 중국에서 지명도가 높은 한국상품에는 인삼, 김치, 화장품 등이 있다.

중국인한테 선물을 할 때는 특별히 주의할 점이 몇 가지 있다. 첫째는 벽시계를 주면 안 된다. 벽시계 '钟'은 '終'과 발음이 같기 때문이다. '終'에는 '죽다'의 뜻이 있다. 두 번째는 포장지는 흰색으로 하면 안 된다. 중국에는 '紅白喜事'라는 말이 있는데 결혼은 '紅喜'이고 '白喜'는 역시 죽음과 관련이 있다. 중국인이 자주 얘기하는 '入乡随俗(로마에 가면 로마의 법에 따르다)'라는 말처럼 중국에 가면 중국인의 문화를 알고 이해하면 중국에서의 생활에 많은 도움이 될 것이다.

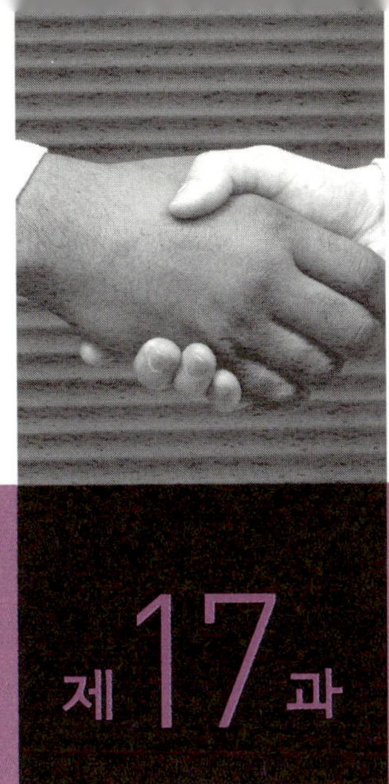

제 17 과

박 과장은 비행기에 오르기 전 항공권 확인과 좌석 확인 절차
를 마치고 면세점에 들러 중국술을 산다.

1. **창쪽 자리로 주십시오.** – 공항 탑승 수속대에서
2. **중국술을 두 병 사고 싶습니다.** – 공항 면세점에서

01

请给我靠窗口的座位。

Qǐng gěi wǒ kào chuāngkǒu de zuòwèi.

창쪽 자리로 주십시오.

 # 11:20am

공항 탑승 수속대에서

박용명	안녕하세요!
공항직원	안녕하세요! 항공권과 여권을 보여주십시오.
박용명	여기 있습니다.
공항직원	탁송할 짐이 있으십니까?
박용명	없습니다. 휴대할 짐 하나밖에 없습니다.
공항직원	창쪽으로 드릴까요, 복도쪽으로 드릴까요?
박용명	창쪽 자리로 주십시오.
공항직원	예, 여기 탑승권입니다, 들어가십시오.
박용명	예, 감사합니다.

새단어

出示 chūshì 추스	제시하다	窗口 chuāngkǒu 추앙코우	창(가), 창구
托运 tuōyùn 투워윈	탁송하다	座位 zuòwèi 쭈워웨이	좌석, 자리
随身 suíshēn 쒜이션	휴대하다	通道 tōngdào 통따오	통로
靠 kào 카오	기대다, 다가서다	登机牌 dēngjīpái 떵지파이	탑승카드

在机场登机手续台

朴容明	**你好!** Nǐ hǎo! 니 하오!
机场工作人员	**您好! 请出示您的机票和护照。** Nín hǎo! Qǐng chūshì nín de jīpiào hé hùzhào. 닌 하오! 칭 추스 닌 더 지피아오 흐어 후짜오.
朴容明	**在这儿。** Zài zhèr. 짜이 저얼.
机场工作人员	**您有行李要托运吗?** Nín yǒu xíngli yào tuōyùn ma? 닌 요우 씽리 야오 투워윈 마?
朴容明	**没有。我只有一件随身行李。** Méiyǒu. Wǒ zhǐyǒu yí jiàn suíshēn xíngli. 메이 요우. 워 즈요우 이지엔 쒜이션 씽리.
机场工作人员	**您想要靠窗口的座位还是靠通道的座位?** Nín xiǎngyào kào chuāngkǒu de zuòwèi háishi kào tōngdào de zuòwèi? 닌 시앙 야오 카오 추앙코우 더 쭈워웨이 하이스 카오 통따오 더 쭈워웨이?
朴容明	**请给我靠窗口的座位。** Qǐng gěi wǒ kào chuāngkǒu de zuòwèi. 칭 게이 워 카오 추앙코우 더 쭈워웨이.
机场工作人员	**好的。这是登机牌,您现在就进去吧。** Hǎo de. Zhè shì dēngjīpái, nín xiànzài jiù jìnqu ba. 하오 더. 저 스 떵지파이, 닌 씨엔짜이 찌우 찐취 바.
朴容明	**好,谢谢。** Hǎo, xièxie. 하오, 씨에시에.

我想买两瓶中国酒。

Wǒ xiǎng mǎi liǎng píng Zhōngguó jiǔ.

중국술을 두 병 사고 싶습니다.

 # 11:40am

면세점에서

판매원	안녕하세요! 선생님. 무엇이 필요하십니까?
박용명	중국술을 두 병 사고 싶은데 어떤 술이 좋습니까?
판매원	제일 유명한 것은 마오타이주와 우량예입니다.
박용명	마오타이는 가짜가 많다고 하던데, 전 우량예를 사겠습니다.
판매원	농담도 잘하십니다. 면세점에서 어떻게 가짜를 팔겠습니까?
박용명	그렇다면 각각 한 병씩 주십시오. 얼마입니까?
판매원	예, 모두 830위엔입니다.
박용명	제가 인민폐가 없는데, 신용카드도 됩니까?
판매원	됩니다. 여기 사신 술입니다. 감사합니다.

새단어

假 jiǎ 지아		거짓의, 가짜의
免税店 miǎnshuìdiàn 미엔쑤이띠엔		면세점
假货 jiǎhuò 지아후워		위조품, 모조품
各 gè 꺼		각

고유명사

茅台 Máotái 마오타이		마오타이 (중국 술명)
五粮液 Wǔliángyè 우량예		우량예 (중국 술명)

在免税店

| 售货员 | 您好，先生！您想要点儿什么？ |
| Nín hǎo, xiānsheng! Nín xiǎng yào diǎnr shénme? |
| 닌 하오. 씨엔셩! 닌 시앙 야오 디알 션머? |

朴容明 我想买两瓶中国酒，什么酒比较好？
Wǒ xiǎng mǎi liǎng píng Zhōngguó jiǔ, shénme jiǔ bǐjiào hǎo?
워 시앙 마이 리앙 핑 중구워 지우, 션머 지우 비지아오 하오?

售货员 最有名的酒是茅台和五粮液。
Zuì yǒumíng de jiǔ shì Máotái hé Wǔliáng yè.
쭈웨이 요우밍 더 지우 스 마오타이 흐어 우량예.

朴容明 听说茅台有很多假的，我还是买五粮液吧。
Tīngshuō Máotái yǒu hěn duō jiǎ de, wǒ háishi mǎi Wǔliángyè ba.
팅슈워 마오타이 요우 헌 뚜워 지아 더, 워 하이스 마이 우량예 바.

售货员 先生您真会开玩笑。免税店怎么会卖假货呢。
Xiānsheng nín zhēn huì kāi wánxiào. Miǎnshuìdiàn zěnme huì mài jiǎ huò ne.
씨엔셩 닌 전 훼이 카이 완씨아오. 미엔쒜이띠엔 쩐머 훼이 마이 지아후워 너.

朴容明 那就各来一瓶吧。多少钱？
Nà jiù gè lái yì píng ba. Duōshao qián?
나 찌우 꺼 라이 이 핑 바. 뚜워샤오 치엔?

售货员 好，一共830块钱。
Hǎo, yígòng bā bǎi sān shí kuài qián.
하오, 이꿍 빠바이 산스 콰이 치엔.

朴容明 我没有人民币了，用信用卡行吗？
Wǒ méiyǒu Rénmínbì le, yòng xìnyòngkǎ xíng ma?
워 메이요우 런민삐 러, 용 신용카 씽 마?

售货员 没问题。这是您的酒，谢谢您。
Méi wèntí. Zhè shì nín de jiǔ, xièxie nín.
메이 원티. 저 스 닌 더 지우, 씨에시에 닌.

1 비교를 거쳐서 비교적 만족스러운 쪽으로 선택했을 때 '还是…吧'를 사용합니다.

我还是买五粮液吧。
Wǒ háishi mǎi Wǔliángyè ba.
저는 우량예로 하겠습니다.

我们还是明天去吧。
Wǒmen háishi míngtiān qù ba.
우리 내일 가기로 합시다.

我们还是坐火车去吧。
Wǒmen háishi zuò huǒchē qù ba.
우리 그래도 기차를 타고 갑시다.

我们还是买国产的吧。
Wǒmen háishi mǎi guóchǎn de ba.
우리 그래도 국산을 삽시다.

보충단어

国产 guóchǎn 구워찬　국산

免税店怎么会卖假货呢。
Miǎnshuìdiàn zěnme huì mài jiǎhuò ne.
면세점에서 어떻게 가짜를 팔겠습니까?

我怎么会忘了你的名字呢。
Wǒ zěnme huì wàng le nǐ de míngzi ne.
제가 어떻게 당신 이름을 잊어버리겠습니까?

他说广东话，我怎么能听懂呢?
Tā shuō Guǎngdōnghuà, wǒ zěnme néng tīngdǒng ne?
그가 광동어를 하는데 제가 어떻게 알아듣겠습니까?

这么贵的礼物我怎么能收呢?
Zhème guì de lǐwù wǒ zěnme néng shōu ne?
이렇게 비싼 선물을 제가 어떻게 받겠습니까?

보충단어   广东话 Guǎngdōnghuà 광똥화   광동어

기본 표현

1 비행기표하고 여권을 보여주세요.

请出示您的机票和护照。
Qǐng chūshì nín de jīpiào hé hùzhào.
칭 추스 닌 더 지피아오 흐어 후짜오.

2 부치실 짐이 있습니까?

您有行李要托运吗?
Nín yǒu xíngli yào tuōyùn ma?
닌 요우 씽리 야오 투워윈 마?

3 휴대할 짐이 하나 있습니다.

我只有一件随身行李。
Wǒ zhǐyǒu yí jiàn suíshēn xíngli.
워 즈요우 이지엔 쒜이션 씽리.

4 창쪽에 앉으시겠습니까 아니면 통로쪽에 앉으시겠습니까?

您想要靠窗口的座位还是靠通道的座位?
Nín xiǎng yào kào chuāngkǒu de zuòwèi háishi kào tōngdào de zuòwèi?
닌 시앙 야오 카오 추앙코우더 쭈워웨이 하이스 카오 통따오 더 쭈워웨이?

5 창쪽 자리를 주세요.

请给我靠窗口的座位。
Qǐng gěi wǒ kào chuāngkǒu de zuòwèi.
칭 게이 워 카오 추앙코우 더 쭈워웨이.

비즈니스 표현 Up

1 좌석예약을 확인하고 싶은데요.

我想确认一下座位。
Wǒ xiǎng quèrèn yíxià zuòwèi.
워 시앙 취에런 이시아 쭈워웨이.

2 곧 도착해요, 잠시만 기다려주세요.

我马上就到，麻烦您等一下。
Wǒ mǎshàng jiù dào, máfan nín děng yíxià.
워 마상 찌우 따오. 마판 닌 덩 이시아.

3 내일 서울행 비행기표가 있습니까?

有明天飞汉城的机票吗?
Yǒu míngtiān fēi Hànchéng de jīpiào ma?
요우 밍티엔 페이 한청 더 지피아오 마?

비즈니스 단어 PLUS

비행기를 탈 때

头等舱
tóuděngcāng
일등석

经济舱 jīngjìcāng
이코노미 클래스

商务舱
shāngwùcāng
비즈니스 클래스

订票 dìngpiào
표를 예약하다

退票 tuìpiào
표를 취소하다

登机口
dēngjīkǒu
탑승구

取消 qǔxiāo
취소하다

延误 yánwù
늦다

超重 chāozhòng
중량 초과하다

违禁物品
wéijìn wùpǐn
금지물품

大韩航空
Dàhán hángkōng
대한항공

韩亚航空
Hányà hángkōng
아시아나항공

중국 비즈니스 PLUS | 중국의 비행기

중국의 항공사에는 中国国际航空(중국국제항공), 北方航空(북방항공), 东方航空(동방항공), 南方航空(남방항공), 西南航空(서남항공), 海南航空(해남항공) 등이 있다. 중국의 대도시에는 거의 다 항로가 있어 비행기로 여행하는 것이 아주 편리하다.

또한 항공사들의 치열한 경쟁으로 정상 가격보다 저렴하게 비행기표를 구입할 수 있다. 携程旅行(www.ctrip.com)에 들어가면 시간별 항공사별로 한눈에 가격을 볼수 있다.

중국항공사의 서비스는 지금은 많이 좋아졌지만 여전히 비행 시간의 지연 등은 비일비재하다. 중국의 공항은 먼 시외에 있는 경우가 많다. 택시를 타는 것보다 공항버스를 이용하는 것이 좋으니 출발하기 전에 버스노선을 미리 알아보는 것도 좋다.

제 18 과

한국에 도착해 다시 업무를 시작한 박 과장은 리 과장에게 메일을 보내 안부를 묻고 계약서를 첨부한다. 박 과장의 메일을 받은 리 과장은 계약을 마무리지으며 박 과장에게 그들이 곧 한국을 방문할 것이며 그때 다시 만날 것을 약속한다.

1. **저는 이미 한국에 도착했습니다.** - 박용명이 리 과장에게 보내는 이메일
2. **한국에서 뵙겠습니다.** - 리 과장의 답신

我已经回到韩国了。

Wǒ yǐjing huí dào Hánguó le.

저는 이미 한국에 도착했습니다.

박용명이 리 과장에게 보내는 이메일

리 과장님

  안녕하세요! 저는 이미 한국에 도착했습니다. 제가 중국에 있는 동안 제게 많은 도움을 주셔서 정말 감사드립니다. 계약서를 첨부 문서로 보내드리니 확인하시고 문제가 없으시면 사인하셔서 팩스로 저희 회사로 보내주십시오. 계약서의 원본도 저희 쪽으로 우편으로 보내주십시오.

박용명

새단어

电子邮件	diànzǐ yóujiàn 띠엔즈 요우지엔	E-mail
出差	chūchāi	출장(가다)
期间	qījiān 치지엔	기간
参考	cānkǎo 찬카오	참고(하다)
附件	fùjiàn 푸찌엔	첨부파일
传真	chuánzhēn 추안전	팩스
原本	yuánběn 위엔번	원본
邮寄	yóujì 요우찌	우송(하다)

朴容明写给李经理的电子邮件

李经理
Lǐ jīnglǐ:
리 징리

你好！我已经回到韩国了。我在中国出差期间，
Nǐ hǎo! Wǒ yǐjing huí dào Hánguó le. Wǒ zài Zhōngguó chūchāi qījiān,
닌 하오! 워 이징 훼이따오 한구워 러. 워 짜이 중구워 추차이 치지엔,

你给了我很多帮助，谢谢你。合同请参考附件，如果
nǐ gěi le wǒ hěn duō bāngzhù, xièxie nǐ. Hétong qǐng cānkǎo fùjiàn, rúguǒ
니 게이 러 워 헌뚜워 빵주, 씨에시에 니. 흐어통 칭 찬카오 푸찌엔, 루구워

没有问题请签字以后用传真传给我们公司。合同原本
méiyǒu wèntí qǐng qiānzì yǐhòu yòng chuánzhēn chuán gěi wǒmen gōngsī. Hétong yuánběn.
메이요우 원티 칭 치엔쯔 이호우 용 추안전 추안 게이 워먼 꽁쓰. 흐어통 위엔번

也请邮寄给我们。
yě qǐng yóujì gěi wǒmen.
예 칭 요우찌 게이 워먼.

朴容明
Piáo Róngmíng
피아오 롱밍

我们在韩国见。
Wǒmen zài Hánguó jiàn.
한국에서 뵙겠습니다.

리 과장의 답신

박 과장님

　안녕하세요! 계약서는 이미 받아 보았습니다. 문제가 없으며 오늘 팩스로 보내드릴 것입니다. 원본은 내일 EMS로 보내드리겠습니다. 문제가 있으시면 제게 연락주십시오. 근간에 저희는 한국에 갈 생각입니다. 그 전에 과장님께 알려드리겠습니다. 그럼 한국에서 뵙겠습니다.

리 창하이

새단어

近期	jìnqī 찐치	가까운 기일
之前	zhī qián 즈 치엔	~의 전

고유명사

李昌海	Lǐ Chānghǎi 리창하이	리 창하이 (인명)

朴科长

Piáo kēzhǎng
피아오 커장

你好! 合同我们已经看过了, 没什么问题。今天
Nǐ hǎo! Hétong wǒmen yǐjing kànguo le, méi shénme wèntí. Jīntiān
닌 하오! 흐어통 워먼 이징 칸구워 러, 메이 션머 원티, 진티엔

我们会用传真传过去, 原本也会在明天用EMS寄给
wǒmen huì yòng chuánzhēnchuán guòqu, yuánběn yě huì zài míngtiān yòng EMS jì gěi
워먼 훼이 용 추안전 추안꾸워취, 위엔번 예 훼이 짜이 밍티엔 용 EMS 찌 게이

你们。有什么问题请随时和我联系。近期内我们会
nǐmen. Yǒu shénme wèntí qǐng suíshí hé wǒ liánxì. Jìnqī nèi wǒmen huì
니먼. 요우 션머 원티 칭 쒜이스 흐어 워 리엔시. 찐치 네이 워먼 훼이

去韩国, 之前我会告诉你。我们在韩国见!
qù Hánguó, zhī qián wǒ huì gàosu nǐ. Wǒmen zài Hánguó jiàn!
취 한구워, 즈 치엔 워 훼이 까오수 니. 워먼 짜이 한구워 찌엔!

李昌海

Lǐ Chānghǎi
리 창하이

1 '到'는 결과보어로 쓰여질 때 목적의 달성이나 어떤 지점
에의 도달을 나타냅니다.

我已经回到韩国了。
Wǒ yǐjing huídào Hánguó le.
나는 이미 한국에 돌아왔습니다.

我已经买到那种数码相机了。
Wǒ yǐjing mǎidào nà zhǒng shùmǎ xiàngjī le.
나는 이미 그런 종류의 디지털 카메라를 샀습니다.

我找了一天也没找到我要的资料。
Wǒ zhǎo le yì tiān yě méi zhǎo dào wǒ yào de zīliào.
나는 하루 종일 찾았음에도 불구하고 내가 원하는 자료를 찾지 못했습니다.

我找到工作了。
Wǒ zhǎodào gōngzuò le.
나는 일을 구했습니다.

보충단어

数码相机	shùmǎ xiàngjī 수마 씨앙지	디지털 카메라
资料	zīliào 쯔리아오	자료

如果没有问题请签字以后用传真传给我们公司。

Rúguǒ méiyǒu wèntí qǐng qiānzì yǐhòu yòng chuánzhēn chuán gěi wǒmen gōngsī.

만약 문제가 없으시면 사인하셔서 팩스로 저희 회사로 보내주시기 바랍니다.

你要的资料我明天寄给你。

Nǐ yào de zīliào wǒ míngtiān jì gěi nǐ.

당신이 원하는 자료는 제가 내일 당신께 부쳐드리겠습니다.

贵公司需要的样品我今天已经寄给你了。

Guì gōngsī xūyào de yàngpǐn wǒ jīntiān yǐjing jì gěi nǐ le.

귀사에서 원하시는 샘플은 오늘 이미 당신께 부쳤습니다.

合同已经发给你们了。

Hétong yǐjing fāgěi nǐmen le.

계약서는 이미 당신들에게 보냈습니다.

기본 표현

1 나는·이미 한국에 도착했습니다.

我已经回到韩国了。
Wǒ yǐjing huí dào Hánguó le.
워 이징 훼이 따오 한구워 러.

2 제게 많은 도움을 주서서 감사합니다.

你给了我很多帮助，谢谢你。
Nǐ gěi le wǒ hěn duō bāngzhù, xièxie nǐ.
니 게이 러 워 헌 뚜워 빵주. 씨에시에 니.

3 별 문제 없습니다.

没什么问题。
Méi shénme wèntí.
메이 셔머 원티.

4 무슨 문제가 있으면 언제든지 연락주십시오.

有什么问题请随时和我们联系。
Yǒu shénme wèntí qǐng suíshí hé wǒmen liánxì.
요우 셔머 원티 칭 쒜이스 흐어 워먼 리엔시.

비즈니스 표현 Up

1 메일을 못 받았습니다. 다시 한번 보내주십시오.

我没收到你的电子邮件，请再发一次。
Wǒ méi shōudào nǐ de diànzǐ yóujiàn, qǐng zài fā yí cì.
워 메이 셔우따오 니더 띠엔즈 요우지엔 칭 짜이 파 이츠.

2 우리 회사의 컴퓨터시스템이 문제가 좀 있습니다.

我们公司的电脑系统有点儿问题。
Wǒmen gōngsī de diànnǎo xìtǒng yǒu diǎnr wèntí.
워먼 꽁쓰 더 띠엔나오 씨통 요우 디알 원티.

3 전 매일 접속되어 있으니까 일이 있으면 절 찾아주세요..

我每天都在网上，有事找我。
Wǒ měitiān dōu zài wǎng shàng, yǒu shì zhǎo wǒ.
워 메이티엔 또우 짜이 왕상. 요우 스 자오 워.

비즈니스 단어 PLUS

컴퓨터 관련

笔记本电脑
bǐjìběn diànnǎo
노트북

显示器 xiǎnshìqì
모니터

键盘 jiànpán
키보드

打印机 dǎyìnjī
프린터

光盘 guāngpán
CD

下载 xiàzài
다운로드하다

主页 zhǔyè
홈페이지

网站
wǎngzhàn
사이트

网吧 wǎngbā
PC방

信箱 xìnxiāng
메일 박스

宽带网
kuāndàiwǎg
초고속 인터넷

上网
shàngwǎng
인터넷 접속하다

网聊 wǎngliáo
온라인채팅

附件 fùjiàn
첨부파일

鼠标 shǔbiāo
마우스

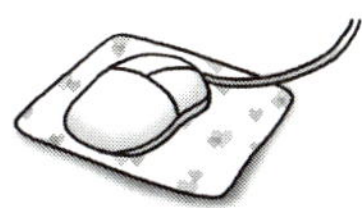

중국 비즈니스 PLUS | 중국의 인터넷

중국의 인터넷이 급속히 발전하고 있다. 작년까지 중국의 인터넷 사용자는 불과 8,000만 명이었다. 그 중에 남자 사용자는 79%, 여자 사용자는 21%를 차지했다. 또 그 중 35세 이하의 사용자가 88.2%이다. 중국인의 평균 수입에 비해 컴퓨터는 아직도 고가 상품이기 때문에 구입할 수 없는 가정이 많다. 따라서 중국의 PC방은 한국보다 더 일찍 생겨났다. 하지만 PC방은 많은 사회적인 문제를 일으키고 있어서 현재는 PC방 허가를 잘 내주지 않는다고 한다.

인터넷 연애(网恋)가 아주 유행하는 중국에는 인터넷이 무엇인지 전자 상거래가 무엇인지 모르는 사람도 많다. 현재 중국의 인터넷사용자는 인구의 6%도 안 되지만, 앞으로의 발전 가능성은 매우 높다. 13억 인구의 6%라면 우리 나라 전체 인구보다도 많기 때문이다.

한국의 게임을 수입해서 한국 게임회사보다 더 큰 억대부자가 된 중국사람도 있다. 이런 면에서 중국은 기회의 땅이 될 수도 있다. 기회를 잡자!

중국의 유명 사이트
新浪　www.sina.com
搜狐　www.sohu.com
雅虎中国　www.cn.yahoo.com